Theodor Häring

Zu Ritschls Versöhnungslehre

Theodor Häring

Zu Ritschls Versöhnungslehre

ISBN/EAN: 9783743479937

Hergestellt in Europa, USA, Kanada, Australien, Japan

Cover: Foto ©ninafisch / pixelio.de

Weitere Bücher finden Sie auf **www.hansebooks.com**

Zu Ritschl's Versöhnungslehre.

Bericht über das Thema:

„Begründen die neuesten Theorieen über die Versöhnung, namentlich die Theorie A. Ritschl's, einen Fortschritt in der dogmatischen Entwicklung der protestantischen Theologie?"

erstattet auf der

44sten Versammlung der Schweizerischen Predigergesellschaft zu Schaffhausen am 11. August 1887

von

Th. Häring,

Dr. und Professor der Theologie in Zürich.

Zürich.
Verlag von S. Höhr.
1888.

Der Verfasser erlaubt sich ausdrücklich darauf hinzuweisen, daß in dem Rahmen eines Berichts vor der Predigergesellschaft, dem sich ein zweiter Bericht und eine Besprechung anschließt, nur einige Seiten der großen in Rede stehenden Frage behandelt werden konnten, daß also die nachfolgenden Blätter keinen Anspruch auf irgendwelche Vollständigkeit machen. Vgl. S. 12 f.

Hochgeehrte Versammlung!

Von der Wichtigkeit unsres Gegenstandes brauchen wir nicht zu reden. Als Christen bekennen wir uns zu der Religion, die in einzigartiger Weise Religion der Versöhnung ist, zu der „Religion des Kreuzes". Paulus hat nichts verkündigen wollen, als Christus den Gekreuzigten; und der Dichterfürst, in dem wir das „moderne Bewußtsein" verkörpert und wesentlich begründet sehen dürfen, hat mit dem ihm eigenen Verständnis, das die Sache traf, auch wenn diese seiner Person fremd blieb, gesagt: am Kreuz wird sich das verirrte Christentum immer wieder zurechtfinden. Als evangelische Theologen aber wissen wir aus Erfahrung, daß dieses Kreuz auch das Kreuz für unsre theologische Erkenntnis ist. Wir verstehen, warum es nicht anders sein kann. Die tiefste Wahrheit des Evangeliums muß, wenn anders dieses Evangelium für alle Menschen aller Zeiten gelten soll, unerschöpflich sein für das eindringendste Nachdenken, wie zugleich verständlich für den Ungelehrtesten. Diese einfache Erwägung ist geeignet, in uns für die bevorstehende Verhandlung die rechte Stimmung zu erzeugen. Sind wir durchdrungen von dem Gefühl, daß es sich um das Allerheiligste unsres Glaubens handelt, dessen Erhellung durch die christliche Erkenntnis eine nie ganz gelöste Aufgabe für die noch nicht vollendete Gemeinde ist, so werden wir uns ferne halten von dem richterischen Geist, der vergißt, daß auch die abweichende Deutung Ihn wollen kann, nach dem wir heißen. Aber wir sind dann auch durchdrungen von dem glühenden Verlangen, die beste uns erreichbare Erkenntnis so deutlich als möglich auszuprägen, weil die fortschreitende Erkenntnis des Kreuzes Christi ganz notwendig dessen Siege dient. Das beweist die Geschichte, wie es aus der Natur der Sache folgt. Und ist es daher nicht ein hoffnungsvolles Zeichen, daß die Lehre von der Versöhnung in einer noch vor wenigen Jahrzehnten ungeahnten Weise in den Mittelpunkt der dogmatischen Verhandlung getreten ist?

I. Die Aufgabe.

Vor allem das Bekenntnis, daß ich von der Erlaubnis des Herrn Präsidenten Gebrauch gemacht und das ursprüngliche Thema vereinfacht habe, mit andern Worten, ich werde mich im Wesentlichen auf Ritschl beschränken. Die Gründe sind wohl von selbst deutlich. Schon der Begriff „neuste Versöhnungstheorien" ist schwer zu begrenzen. Z. B. der Hofmann'sche Streit und die Menken'sche Theorie liegen noch nicht so weit hinter uns, daß ihr Ausschluß ohne weiteres gerechtfertigt wäre. Aber wenn wir uns auch zeitlich beschränken wollten auf die in den letzten Jahren erschienenen Bearbeitungen der Versöhnungslehre, also etwa — ohne jede Vollständigkeit — auf A. Schweizer und Lipsius, Biedermann und Pfleiderer, auf Ritschl, auf Dorner, auf Frank, Kreibig und Schmidt, auf Kähler, Beck und Geß, und allerneustens Böhl, so würde unabwendbar mich das Schicksal treffen, daß ich die kurze Zeit, die mir vergönnt ist, mit Aneinanderreihung etlicher Sätze eines jeden dieser Dogmatiker ausfüllte, ohne auch nur ihr gegenseitiges Verhältniß genau bezeichnen, geschweige die Frage beantworten zu können, ob sie die Versöhnungslehre gefördert haben. Dazu kommt, daß die genannten Dogmatiker keineswegs alle in gleichem Maß absichtlich gerade auf die Versöhnungslehre ihre Arbeit gerichtet, mithin auch nicht das gleiche Anrecht auf Berücksichtigung im Sinn der uns gestellten Frage haben. In dieser Hinsicht steht jedenfalls Ritschl allen andern voran, sofern er mehr als sie die Versöhnungslehre als solche zum Gegenstand seiner Untersuchung gemacht und nach allen Seiten hin die nötigen Beziehungslinien gezogen hat, so daß in der That ein Entwurf fast der ganzen Glaubenslehre daraus geworden ist. Allein, von dem allem abgesehen, darf ich aus dem einfachen Grund auf Ritschl mich beschränken, weil das allgemeine Interesse auf ihn sich concentriert. Das beweisen auch die Referate der einzelnen Sektionen unsrer Predigergesellschaft, die mir freundlich zur Verfügung gestellt wurden, und für deren Anregung ich auch hier danke. Sie werden sich überzeugen, daß ich mich bemüht habe, auf die darin ausgesprochenen Gedanken über Ritschl, sei es für oder wider ihn, in meiner Ausführung einzugehen, wenn ich auch nicht ausdrücklich auf die betreffenden Sektionen verweise. Vielleicht dient es zur Orientirung, wenn ich wenigstens im Vorübergehen hier bemerke, daß das Für und Wider sehr lebhaft und sehr mannigfaltig sich geltend gemacht hat. Die Vorwürfe lauten: willkürliche Exegese und dunkle Sprache in formeller Hinsicht; in materieller, man wisse nicht, worin eigentlich die versöhnende That Christi bestehe, seine Auferstehung trete zurück, seine Gottheit sei verkürzt, und als Grund von alledem, die Sünde werde nicht in ihrer ganzen Tiefe gefaßt, der einzelne aber werde der Gemeinde in unevangelischer Weise geopfert. Dem gegenüber betonen andere den großen Fortschritt, der schon formell in der Vereinfachung der Begriffe, in der Reduktion der so verworrenen Beziehungen auf wenige Leitgedanken liege; sodann die biblische Begründung, über deren Einzelheiten man verhandeln möge, die aber dem ganzen System Ritschl's den Charakter wahrer Positivität gebe; und endlich werden als besondere Punkte des Fortschritts bezeichnet die Beziehung der Thätigkeit Christi auf die Gemeinde, die sorgfältige Definition und Begründung des Begriffs der Rechtfertigung als Schuldaufhebung, und die Hereinbeziehung des subjektiven Erfolgs der Rechtfertigung (Vertrauen, Gebet, Berufstreue) in die Glaubenslehre. Sie sehen, ähnlich wie in Deutschland, sind es zum Teil sich aufhebende Urteile. Erinnere ich mich recht, so ist der berühmteste Vorwurf wegen der „bloßen Werturteile" nicht geltend gemacht worden. Ohne mir bei dem immerhin nicht umfassenden Material irgend ein maßgebendes Urteil über die geographische Verbreitung der Antipathien und Sympathien erlauben zu wollen, so scheint doch in der deutschen Schweiz Bern besonders freundlich zu stehen, in der französischen Schweiz der Gegensatz von Freund und Feind sich am lebhaftesten ausgesprochen zu haben.

Beschränken wir uns also auf Ritschl, so verbindet sich damit von selbst die Bezugnahme auf die andern obengenannten Dogmatiker, soweit es in dem uns verstatteten Zeitraum thunlich und von der Sache besonders gefordert ist. In welcher Weise aber sollen wir der uns gestellten Aufgabe in dieser engeren Begrenzung gerecht werden? **Begründet diese Versöhnungstheorie einen Fortschritt in der dogmatischen Entwicklung der protestantischen Theologie?** Genau genommen setzt diese Frage zu ihrer Beantwortung ein Dreifaches voraus. Eine Verständigung darüber, was in der dogmatischen Theologie ein Fortschritt heißen kann; denn gerade darüber streitet unsere Gegenwart besonders lebhaft. Sodann eine geschichtliche Darstellung der wichtigsten Theorien, an die Ritschl anknüpft, bezw. mit denen er sich auseinander setzt. Endlich ein genaues Bild seiner eigenen Lehre. Lassen wir zunächst die erste Voraussetzung beiseite. Auch nur der letzteren hier zu genügen, ist bei der Fülle des Stoffs unmöglich, noch mehr, weil eine jedenfalls originelle Darstellung der christlichen Centrallehre, die sich zum Entwurf des ganzen Systems erweitert, den Anspruch erheben darf, in ihrer Eigenart behandelt, nicht mit einigen allgemeinen Redensarten abgethan zu werden, die, von anders orientirten Systemen entnommen, auf dieses nicht passen, mithin nur die Verwirrung mehren. Aber ich darf ja auch eine genauere Bekanntschaft mit unserm Gegenstand bei der Einrichtung dieser Gesellschaft in weiterem Umfang voraussetzen, als es sonst bei ähnlichen Zusammenkünften der Fall ist. Was die an zweiter Stelle genannte Frage betrifft, über die wir, streng genommen, im voraus uns müßten verständigt haben, so führt sie uns nicht nur in dieselbe Schwierigkeit, die uns oben Beschränkung auflegte, sondern jeder Kundige weiß auch, wie aussichtslos es ist, mit wenigen Strichen die Entwicklung der Versöhnungslehre nur im Lauf dieses Jahrhunderts zu zeichnen. Man darf etwa auf Zustimmung rechnen für den Satz: nachdem die vielgestaltige Opposition gegen die orthodoxe Versöhnungslehre die letzten Grundlagen derselben erschüttert hatte, die christliche Schätzung der Sünde und die Begründung der Sündenvergebung in dem geschichtlichen Christus, stehen wir seit Kant und Schleiermacher in einer nach diesen beiden Grundbeziehungen rückläufigen Bewegung, zurück zu dem ursprünglichen Verständnis des Evangeliums von der Versöhnung, und diese Bewegung hat jedenfalls einen relativen Abschluß erreicht in Ritschl; ihm hängt, wie wir uns bald näher vergegenwärtigen werden, die Versöhnung ganz und gar an dem geschichtlichen Lebenswerk Jesu Christi, und, (beides steht in innerer Verbindung), er bemüht sich absichtlich und eingehend um ein Verständnis der Sünde nach evangelischem Maßstab. Allein, wie unbestimmt nach vielen Seiten hin ist dieser Satz, wie viele Fragen läßt er ohne Andeutung einer Antwort! Um nur eines sogleich zu nennen: es gehört zu Ritschl's Eigenart, daß er mehr als die Vorgänger Christus nicht nur als die Offenbarung der Liebe Gottes, sondern auch als unsern Vertreter vor Gott faßt. Wie verhalten sich beide Gesichtspunkte? Und fast unzählige andere Fragen reihen sich von selbst an. Nun, hier eben liegt der Grund, warum es so schwer hält, von dem Stande der Versöhnungslehre, wenigstens von ihrer jüngsten Entwicklung ein allgemein verständliches klares Bild zu geben; auch nur von Ritschl's eigener Lehre. Wir gebrauchen unwillkürlich vieldeutige Worte, ohne ihren Sinn bestimmt zu haben, und wir haben überhaupt noch nicht eine ins allgemeine dogmatische Bewußtsein übergegangene Kategorieentafel, wenn der Ausdruck erlaubt ist, in Betreff der Versöhnungslehre.

Aber wenn ich Sie bitte, bei dieser Thatsache einen Augenblick zu verweilen, so wird bald deutlich werden, daß wir damit schon mitten in der Sache stehen, um die es sich handelt. Unter den genannten Übelständen ist es doch wohl der kleinere, daß gerade in der Versöhnungslehre die häufigst gebrauchten Begriffe in sehr verschiedenem Sinn gebraucht werden; aber ein Verdienst wäre doch schon eine handliche Übersicht, z. B. auch nur über die geschichtlich wichtigsten Definitionen des Wortes Versöhnung. Nicht nur wer den altdogmatischen Begriff an Ritschl heranbringt, auch wer Schleiermacher's „Aufnahme in die Seligkeit Christi" nicht vergessen kann, muß Ritschl notwendig mißverstehen, obwohl sachlich dieser Begriff in Schleiermacher's verengertem Sinn (neue Beurteilung des Übels) bei Ritschl die größte Bedeutung hat. Aber wenn wir auch einen Bund schließen wollten, wenigstens heute die neckisch vieldeutigen Kunstausdrücke ganz zu vermeiden, wir müßten uns gestehen, daß mit ein Grund ihrer gefahrvollen Unbestimmtheit darin liegt, daß die Sache selbst uns nicht immer deutlich ist, genauer, daß das Bewußtsein nicht lebendig ist, von wie vielen Gesichtspunkten aus die „Versöhnung" betrachtet werden kann, ja muß, wenn wir einige Klarheit haben wollen. Es gibt ein sehr einfaches Mittel, um sich schnell zu vergegenwärtigen, wie ungesucht und wie verwickelt diese Aufgabe ist, die Erinnerung an die Passionslieder der Kirche. Gewiß ist es ihr unvergänglicher Ruhm, mit unmittelbarer Kraft bei verschiedener theologischer Auffassung von der Thatsache zu zeugen, die mehr ist, als alle unsre Begriffe; obwohl von einer bestimmten Lehrauffassung getragen, sind die Sänger dieser Lieder in der Ergriffenheit des Glaubens nicht von jener Lehrform gebunden. Aber gerade deshalb zeigen sie dem christlichen Nachdenken besonders überzeugend, wie viele unausweichliche Fragen das

Kreuz Christi weckt, indem es die tiefste Lebensfrage dem Glauben löst. Nehmen wir z. B. den Gerhard'schen Vers: „Mein Heil, was Du erduldet u. s. w." Wiefern hat Christus getragen, was ich verschuldet? Eben dasselbe? Was ist meine Schuld? Warum wird er angeredet mit „Mein Heil?" Warum der „Anblick seiner Gnade" erfleht? Ist er denn, indem er erduldet, was meine Last ist, zugleich der, welcher Gnade verleihen kann, Glaubensgegenstand wie Gott? Und welche Sünden= erkenntnis spricht sich in diesem Gebet aus! Es gibt also Schuld, ohne deren Verzeihung alle Welt wertlos ist. Aber in der Vergebung gehört mir die Welt; weil ich mit Gott versöhnt bin, bin ich es wirklich mit meinem Geschick? und wie bestehe ich in Zukunft gegenüber der Versuchung? Ist mein Wille innerlich erneuert, sind neue Motive der Liebe an die Stelle der selbstsüchtigen getreten, weil an die Stelle des Miß= trauens gegen Gott das Vertrauen der Kindschaft getreten ist?

Sie haben an der Klangfarbe mancher Worte, die ich gebraucht, erkannt, daß wir mit dieser scheinbaren Abschweifung doch schon von Ritschl handeln. Schon deswegen, weil die **Bedeutung der aufgeworfenen Fragen durch Ritschl wesentlich deutlicher erkannt worden**, durch seine Untersuchungen dem Bewußtsein von Freund und Gegner mindestens viel näher getreten ist. Versuchen wir, möglichst einfach jene Gesichtspunkte zu ordnen. Wie immer die Versöhnung näher bestimmt werden mag, jedenfalls handelt es sich um die Herstellung des Verhält= nisses zwischen Gott und Mensch, das als das richtige angesehen wird, aber nicht vorhanden ist. Nun muß **offenbar zuerst die Störung, die Anormalität** wenigstens — denn es kann ja das unvollkommene Verhältnis als notwendiger Durchgang betrachtet werden — **näher bestimmt sein.** Und zwar zunächst in Bezug auf den Menschen. Dies in zweifacher Hinsicht: nach ihrem Grad und nach ihrem Wesen. Nach dem Grad, vielleicht handelt es sich nur um ein leicht zu be= seitigendes Mißverhältnis, sozusagen Mißverständnis, oder um eine tief= greifende Disharmonie. Nach dem Wesen: ist diese Disharmonie zu= nächst eine Sache der Erkenntnis, des Wollens, des Gefühls? Ich nenne nur zu eiliger Verdeutlichung die Begriffe Schuldgefühl, Sünden= macht, Blindheit und Thorheit. Oder wie concurrieren dabei diese Grund= kräfte unsres Geistes? In welchem Verhältnis stehen jene Begriffe? namentlich was ist Schuld? Und was ist das eigentliche Wesen der

Sünde nicht in dieser formal=psychologischen Hinsicht, sondern inhaltlich, ist sie in erster Linie Selbst= und Weltliebe, oder vielmehr Irreligiosität, Unglaube, Mangel an Vertrauen, Abfall von Gott? Und wie verhält sich beides? Weiterhin aber auch: wie verhält sich der der Versöhnung mit Gott Bedürftige zur Welt? Denn je nach dem Verhältnis zu Gott ändert sich das zur Welt, welche die Welt Gottes ist. Wir wissen alle, wie eng diese Frage mit der vorigen zusammenhängt; Schuldbewußtsein und Erfahrung des Übels ist in jeder christlichen Lebensführung auf's engste verbunden. Allein wir sagten: Versöhnung sei irgendwie Herstellung des rechten Verhältnisses zwischen Gott und Mensch. Ist auch Gottes Verhältnis zu uns gestört, nicht nur das des Menschen zu Gott? Welche Fülle schwierigster Probleme liegt in dieser einen Frage! Welches ist das Grundverhältnis von Gott und Mensch? Erinnern wir uns hier nur, wie eng sie mit der Beantwortung jener ersten Fragengruppe zusammenhängt: ist der Grad unsres Widerspruchs gegen Gott niedrig veranschlagt, so ist sie zum Voraus gegenstandslos; nur bei ernster Schätzung der Sünde kann sie aufgeworfen werden, und eben, wenn, wie wir unwillkürlich sagten, das Wesen der Sünde als ein Widerspruch des Willens anerkannt wird, der mit wirklichem Schuldgefühl verbunden ist, nicht aber wenn nur Irrtum des Verstandes oder Schwachheit eines Willens, der kein Wille ist, das Wesen des aufzuhebenden anormalen Zustandes ausmacht. Die bisher besprochenen Gesichtspunkte ordnen sich alle dem einen unter, daß es sich bei der Versöhnung um Herstellung des normalen Verhältnisses zwischen Gott und Mensch handelt, wir also wissen müssen, welcher Art die Störung ist. **Sofort beschäftigt uns ein anderer leitender Gesichtspunkt: wodurch diese Versöhnung zu Stande kommt? Durch welche geschichtliche Vermittlung?** Die Versöhnung ist in unserer Religion an Christus geknüpft; diese Verbindung offen leugnen hieße sich außerhalb der Gemeinde Christi stellen. Aber von welcher Art ist die Verknüpfung der Versöhnung mit seinem Lebenswerk? Vor allem ist klar: die Antwort auf diese Frage ist einerseits durchaus abhängig von der Bestimmung des Grades und des Wesens der Sünde (s. o.) Darüber herrscht prinzipiell seit Schleiermachers überzeugender Ausführung Einstimmigkeit, freilich oft ohne Erkenntnis der vernichtenden Konsequenzen, welche dieses Zugeständnis nach sich zieht. Weniger anerkannt sind bestimmte Ge=

sichtspunkte, wenn man nicht sowohl nach der Intensität der Verbindung zwischen der Versöhnung und dem Versöhner fragt, als nach der Qualität seiner Wirksamkeit. Die mannigfaltigsten Begriffe gehen hier noch durcheinander, wie auch neueste Bearbeitungen der Glaubenslehre zeigen. Christus wird als irgendwie einzigartige Verwirklichung des neuen religiösen Verhältnisses zu Gott betrachtet, als Offenbarung der Liebe Gottes, als Sühner, Priester und Opfer, als der große Kämpfer gegen Sünde und Teufel. Aber das dürfen wir doch sagen, je länger je mehr treten die beiden Gesichtspunkte heraus, auf welche die andern sich irgendwie reduciren lassen, daß Christus von Gott aus auf uns wirkt, und daß er in der Richtung auf Gott zu unseren Gunsten wirkt, daß er als Vertreter Gottes vor uns und als unser Vertreter vor Gott betrachtet werden könne. Nicht um Zustimmung zu diesen beiden Betrachtungsweisen handelt es sich hier, sondern nur um Konstatierung einer Thatsache. Gerade diese letzten Begriffe in den Vordergrund gerückt, ihrer Behandlung ein ganz neues Gewicht gegeben zu haben, ist unleugbar der Erfolg von Ritschl's Werk über die Rechtfertigung und Versöhnung. Dasselbe gilt aber mehr oder weniger von der ganzen Kategorieentafel, die wir bisher in Kürze aufzustellen suchten, wenn dies auch nicht so, wie zuletzt, mit seinen eigenen Worten geschah. Deuten wir nur noch an, wie endlich auch dem dritten von der Sache geforderten Gesichtspunkt, unter welchen Bedingungen nämlich die in Christus vollzogene Versöhnung angeeignet werde, von Ritschl eingehende Aufmerksamkeit geschenkt worden ist, wie er außer der Untersuchung des Glaubensbegriffs, der Wirkungen der Rechtfertigung u. s. w. die Frage, die fast ganz aus der dogmatischen Betrachtung verschwunden war, durch eine bestimmte Entscheidung zu lebhafter Erörterung gestellt hat, ob jene Thätigkeit Christi in erster Linie auf den Einzelnen oder auf die Gemeinde gerichtet sei, und, was deutlich damit zusammenhängt, in welchem Sinne die Wirksamkeit Christi als eine fortdauernde persönliche gefaßt werden dürfe?

Nun wird vollends klar sein, warum ich sagte, diese vorläufige Orientierung über die uns gestellte Frage bringe von selbst eine wenn auch noch sehr unbestimmte Antwort. Das ist doch ein „Fortschritt der dogmatischen Theologie", wenn die Grundbegriffe vereinfacht und zu einem übersehbaren Ganzen vereinigt werden. Dann ist ja einem verwehrt, sich zu besinnen, was er etwa vermißt, und selbst wenn er sich genötigt sähe, die ganze Grundlage wieder zu verlassen, bliebe die Dankbarkeit für die empfangene Belehrung. Und handelt es sich in unserem Fall in erster Linie um einen Fortschritt der systematischen Theologie, so ist doch von selbst klar, wie dadurch die ganze Theologie gewinnt. Fruchtbare historische Untersuchungen sind gerade von der uns heute beschäftigenden dogmatischen Arbeit ausgegangen, mitten in die Aufgabe der praktischen hinein weisen ihre Ergebnisse, wie sie selbst umgekehrt praktischen Impulsen und geschichtlicher Einsicht mit das Beste verdankt. Freilich, man muß, um solche dogmatische Arbeit zu würdigen, die ganze Not empfunden haben, welche darin liegt, daß man einer Fülle von Gesichtspunkten, deren Wert im einzelnen man willig anerkennt, ratlos gegenübersteht, weil sie ungesichtet verwirren. Man muß es empfunden haben, wie unglücklich auch treffliche Antworten machen können, weil man nicht klar erkannt hat, auf welche Fragen sie gegeben sind, oder welche Bedeutung die Fragen haben, deren Beantwortung sie sein wollen. Wer dogmatische Arbeit nur nach einzelnen Resultaten beurteilt, wird sie nie gerecht beurteilen. Er verkennt, daß die christliche Glaubenslehre die **wissenschaftliche** Darstellung des christlichen Glaubens ist, und kann darum nicht die befreiende Kraft wissenschaftlicher Methode erfahren. Im Grunde wird dieser Fortschritt der dogmatischen Theologie durch Ritschl, wie mir scheint, in weiterem Umfang anerkannt, als man zunächst glauben möchte; es zeigt sich da und dort stillschweigende Anerkennung, indem unberufen von Ritschl proponirte Begriffe, Schemata, Betrachtungsweisen angeeignet werden, freilich oft erratischen Blöcken gleich in fremder Umgebung. Mit dem allem ist jedoch nur ein Moment des Fortschritts in der evangelischen Theologie genannt. Ferne sei es, denselben nach dem Grad der dialektischen Vollendung eines Systems allein zu bemessen. Christliche Glaubenslehre ist wissenschaftliche Darstellung des **christlichen Glaubens**. Aber auch in dieser Hinsicht dürfte die Entscheidung, ob von Fortschritt zu reden sei, solang wir sie im allgemeinen betrachten, nicht schwer fallen. Die Frage muß bejaht werden von allen, welche in dem **Rückgang der Glaubenslehre auf die heilige Schrift** jeden wesentlichen inhaltlichen Fortschritt begründet sehen, von allen, welche das Christentum in seiner am Ursprunge ausgeprägten Eigenart wollen. Prinzipiell andersstehen natürlich diejenigen, welche das historische Christentum nach dem Maßstabe des „**modernen Bewußtseins**" umbilden wollen oder dies thatsächlich thun. Aber daran kann kein Zweifel sein, daß Ritschl's Versöhnungslehre ein ernster Versuch ist, den Inhalt des Neuen Testaments darzustellen, sowie dasselbe auf Grund des Alten verstanden werden muß. Man sollte diese Thatsache sich nicht verhüllen durch den Hinweis auf die künstliche Deutung vieler einzelner Stellen, überhaupt nicht wieder durch sofortige Betonung der einzelnen Probleme. Man muß den G r u n d s a tz vor allem in's Auge fassen, und diesen vergleichen mit den Grundsätzen so vieler anderer Theologen, die wegen der einzelnen vielleicht richtigeren Sätze sich als die allein Positiven betrachten, indes sie die menschliche Vernunft, die fromme Erfahrung, das kirchliche Bekenntnis als Quellen der Glaubenslehre gelten lassen, ohne je eine unzweideutige Regel für das Recht ihrer Benutzung aufzustellen. Es verdient beachtet zu werden, daß nicht der kleinste Vorwurf, der gegen Ritschl erhoben wurde, der eines unbegründeten Positivismus ist. Dieser Vorwurf könnte anders gerichtete Gegner, die n u r über Abweichungen von der Schriftlehre zu berichten wissen, vorsichtiger machen. Jene Frage nach der Erkenntnisquelle der Glaubenslehre ist nun freilich nicht damit entschieden, daß man die heilige Schrift als solche b e h a u p t e t. Wir wissen alle, wie sehr die eigentliche Zeitfrage die prinzipielle Auseinandersetzung der Offenbarung und Vernunft ist. So wenig von der Stellung Ritschl's zu diesem Grundproblem hier genügend geredet werden kann, so wird doch gerade unser nächster Abschnitt dieselbe von einem entscheidenden Punkt aus zu beleuchten gestatten.

Doch, solche Andeutungen ohne bestimmte Anknüpfung an klare Aussagen Ritschl's haben wenig Überzeugungskraft. Nur auf Grund von solchen ist es auch möglich, in sachlicher Weise den vielfach erhobenen Widerspruch zu beurteilen und die Punkte zu bezeichnen, welche die dogmatische Versöhnungslehre auf's neue bearbeiten muß. — Unmöglich kann hier die ganze Fülle der oben bezeichneten Gesichtspunkte erörtert werden. Halten wir uns in der Hauptsache an die zweite Reihe derselben und fügen aus den andern beiden ein, was zum Verständnis des nun zu Verhandelnden besonders unentbehrlich ist. Die innere Berechtigung zu diesem abgekürzten Verfahren liegt darin, daß ein deutlicher Zusammenhang zwischen jenen Reihen von Gesichtspunkten besteht, worauf zuvor hingewiesen worden ist. Daß wir aber gerade die versöhnende Wirksamkeit Christi vor allem in's Auge fassen, wird keiner

Rechtfertigung bedürfen, weil hergebrachtermaßen dahin die Aufmerksamkeit sich vorzugsweise richtet. Wir thun es von den durch Ritschl nachdrücklich geltend gemachten Gesichtspunkten aus, daß **Christus einmal die Offenbarung Gottes an uns, andererseits unser Vertreter vor Gott ist.** Was ich hierüber und über jene andern Begriffe von Sünde, Rechtfertigung u. s. w. im Folgenden aus Ritschl mitteile, beansprucht nur, Sie an seine ausführliche Darstellung zu erinnern, damit die Antwort, die ich auf die uns gestellte Frage zu geben versuche, auf ihre Sachgemäßheit geprüft werden könne. Dagegen will es in keiner Weise selbst eine irgendwie genügende Entwicklung der Ritschl'schen Theorie sein.

II. Die Versöhnung,
begründet in der Offenbarung der Liebe Gottes in Christus.

Am Schluß seiner großen geschichtlichen Untersuchung hebt Ritschl zugleich mit der Klage über mangelnden Zusammenhang unter den theologischen Arbeitern an der Versöhnungslehre doch zugleich die Punkte hervor, in denen eine gewisse Übereinstimmung sich anbahne. Zu diesem, teilweise freilich erst recht zu erwerbenden Gemeingut rechnet er den Gedanken, daß die Liebe Gottes nicht nur in der Sendung Christi angeschaut werde, sondern, namentlich bei Beck und Hofmann (neuestens auch Geß), als eine im ganzen Lebenswerk Christi sich offenbarende. Diesem Gedanken hat er nun selbst die größte Tragweite gegeben. „Die Gnade und Treue, und die Herrschaft über die Welt sind die wesentlichen, für die christliche Religion entscheidenden Attribute Gottes"; sie sind „in dem Lebensbild Christi anschaulich", er ist „die vollständige Offenbarung" Gottes (z. B. Unterricht in der christlichen Religion 3. Auflage 1886 § 19 ff.). Um die Bedeutung solcher Sätze zu verstehen, müssen wir uns gegenwärtig halten, was Ritschl unter den Titeln „Voraussetzungen" und „Beweis" in seinem Hauptwerke abhandelt: also die Darlegung des christlichen Gottesbegriffs unter Abweisung der altorthodoxen Auffassung, als wäre das Verhältnis zwischen Gott und Mensch wesentlich Rechtsverhältnis, und der socinianischen, als wäre Gott die willkürliche Macht; die Ausführung, wie die vergebende Gnade kein Widerspruch ist mit der Unverbrüchlichkeit des Sittengesetzes, wie vielmehr gerade die verzeihende

Liebe die höchste sittliche Liebe, und dies der eigentümlich christliche Gedanke von Gott ist. Speziell aus der Lehre von der Sünde müssen wir beiziehen die Darlegung ihres in erster Linie religiösen, erst in zweiter Linie sittlichen Charakters, daß nämlich Mangel an ehrfurchtsvollem Vertrauen die eigentliche Sünde aller Sünde, erst auf Grund davon der Wille ein lieblos selbstsüchtiger gegen den Nächsten ist, daß in unmeßbaren Wechselwirkungen die bösen Willen zu einem Reiche der Sünde verflochten sind, und daß die Sünde überhaupt in keiner Weise als notwendig begriffen werden kann, mithin die persönliche Beurteilung derselben als Schuld zu Recht bestehen bleibt. In Übereinstimmung mit diesen Voraussetzungen steht nun die Definition der Rechtfertigung. Als Glied der christlichen Gemeinde weiß sich der Christ zu einzigartiger Gemeinschaft mit Gott berufen, zugleich aber eben „durch die Erkenntnis dieser Bestimmung in dem Gefühl der Schuld gesteigert". „Dieser Kontrast wird aufgehoben", indem das Christentum zugleich die „Gewißheit der Erlösung mit sich führt", d. h. die Vergebung der Sünden oder Rechtfertigung, „durch welche die von Gott trennende Wirkung der Schuld der Sünde aufgehoben wird". Der Verkehr zwischen dem Schuldigen und der sittlichen Autorität war durch die Sünde gestört, er wird von dieser absichtlich wieder aufgenommen; der Sünder, ohne daß die Schuld ein Hindernis bilden dürfte, zu der engsten Gemeinschaft mit Gott zugelassen. Diese Gnadenabsicht Gottes bezeichnet das Wort Rechtfertigung sachgemäß als göttliches Urteil, und zwar als synthetisches. „Keine sittliche Leistung ist denkbar, um dieses Urteil Gottes hervorzurufen oder sachlich zu begründen." „Der Sünder ist Gott recht", zu seiner Gemeinschaft zugelassen. Selbstverständlich unter der Bedingung, daß er auf die Gnadenabsicht Gottes vertrauensvoll eingeht, an Gottes Gnade „glaubt". Versöhnung aber bezeichnet die Sündenvergebung nicht mehr nur „als Absicht Gottes, sondern als beabsichtigten Erfolg" (a. a. O. § 34 ff.) Unterlassen wir es, einzeln auf die vielen Fragen einzugehen, welche durch dieses originale und zusammenstimmende Begriffssystem geweckt werden; begnügen wir uns mit dem Hinweis darauf, daß auch Gegner Ritschl's die reiche Förderung anerkannt haben, welche die tiefgehende und selbständige Untersuchung mit sich führe. Namentlich dürfen wir als nicht mehr aufzugebenden Gewinn betrachten das strenge Innehalten der reformatorischen Position, nemlich die Erkenntnis, daß die Sündenvergebung die Grundlage des christlichen Lebens, der eine große Schatz der Christenheit ist, nicht ein Surrogat für die mangelhaften guten Werke, das stückweise dem einzelnen im Bußsakrament zugeeignet wird; dann speziell auch jene Fassung des göttlichen Urteils als synthetischen.

Für jetzt aber beschränken wir uns nach diesen doch unentbehrlichen Erinnerungen über den Zusammenhang des Systems auf den Punkt (S. 13), daß wir Christus als die Offenbarung der Liebe Gottes gegen die Sünder bezeichneten. Es ist nun wenigstens im allgemeinen sofort deutlich, welche Bedeutung diese offenbarende Thätigkeit Christi hat. Jene Gnadenabsicht Gottes muß sich dem Sünder wirksam beweisen. „Jenes Urteil Gottes lautet dahin, daß die Sünder mit Vorbehalt der Bedingungen, welche noch in Betracht kommen, von Gott berechtigt werden", in seine Gemeinschaft zu treten (a. a. O. § 36). Mit diesen Bedingungen meint Ritschl nichts anderes, als eben die versöhnende Thätigkeit Christi. Wenn wir hiebei zuerst seine Offenbarungsqualität besprechen, könnte es freilich scheinen, als widersprächen wir dem Sinne Ritschl's, der ausdrücklich sagt: „die Sündenvergebung ist der christlichen Gemeinde nicht dadurch sichergestellt, daß er als Offenbarer Gottes eine allgemeine Verheißung jenes Inhaltes ausgesprochen hätte, was er eben nicht gethan hat" (a. a. O. § 49). Jeder mit Ritschl Vertraute weiß aber, daß jener Einwand ein völliges Mißverständnis seiner Meinung wäre. Dort ist Offenbarer in einem engern Sinne genannt, als sonst, wie deutlich aus dem Gegensatz erhellt, Christus knüpfe jenen Erfolg an die Thatsache seines Todes, während es ja gerade ein Verdienst Ritschl's ist, gezeigt zu haben, wie die priesterliche und prophetische Thätigkeit Christi denselben geschichtlichen „Stoff" des ganzen Lebenswerkes hat, wovon unten noch zu reden ist. Also, unser obiger Satz ist berechtigt: die Gnadenabsicht Gottes muß offenbar werden, und das ist die Bedeutung des Lebenswerkes Jesu Christi. Ein Zweifaches scheint mir hierbei besonders beachtenswert.

Das Erste: durch das energische Geltendmachen des Gesichtspunkts der Offenbarung erreicht Ritschl den großen dogmatischen Vorteil, die Wirkung der Gnadenabsicht Gottes unmittelbar begreiflich zu machen. Das Andere: im Zusammenhang mit der christlichen Beurteilung der Sünde wird die Unentbehrlichkeit vollkommener, den religiösen

Zweifel zum Frieden führender geschichtlicher Offenbarung deutlich. Damit aber stehen wir mitten in der großen Zeit- und Streitfrage, ob unser christlicher Glaube in seiner inneren Größe die Bürgschaft seiner Wahrheit trage, oder ob diese prinzipiell und unlösbar mit der geschichtlichen Person des Erlösers zusammenhänge. Nun ist es freilich ein gewagtes Unternehmen, auf diese Frage in Kürze einzutreten; allein sie in ihrem bestimmten Zusammenhang mit der Versöhnungslehre zu betrachten scheint mir lehrreich genug, um jene erste, obwohl auch sie nicht nur eine Frage dogmatischer Architektonik ist, bloß in Kürze zu berühren.

Vielleicht führt eine Erinnerung an Schleiermacher, was diese erste betrifft, am schnellsten zum Ziel. Seine Begriffe, "Aufnahme in die Lebensgemeinschaft Christi", in die "Vollkräftigkeit seines Gottesbewußtseins und in seine Seligkeit", werden noch immer viel gebraucht. Sie sind, besonders in der spekulativen Dogmatik, angeblich überboten durch den Terminus von der Wirkung des Erlösungsprinzips. Derselbe ist völlig klar, wenn es sich, wie dies hier allein consequent sein dürfte, um die geistige Nachbildung des religiösen Verhältnisses handelt, das aber mit der Person Christi nur insofern zusammenhängt, weil er es zuerst und besonders kräftig erlebt hat. Unklar aber ist jener Ausdruck, wenn irgendwie Christus eine spezifische religiöse Bedeutung zugeschrieben werden will, abgesehen von dem später zu besprechenden materialen Grund, daß Christus keinen spezifischen Vorzug hat, schon aus dem formalen, weil man lediglich nicht einsieht, wie sich jene Bedeutung Christi auf uns geltend machen soll. Dies letztere war auch der Fall in der alten Orthodoxie. Sie verstand unter Versöhnung wesentlich die Wirkung Christi auf Gott; diese wird durch göttliches Urteil uns angerechnet. Auch hier ist unleugbar keine direkt verständliche Beziehung des Wirkens Christi auf uns erreicht. Zu diesem Zwecke bietet sich nun der Begriff der Offenbarung als ebenso einfacher wie befriedigender dar. Schleiermacher, wenn er wirklich mehr leisten soll, als jener Gedanke der bloßen Nachbildung, muß auch auf diesen Begriff der Offenbarung hinausgeführt werden. Wie wenig es sich hier um eine fernliegende Spitzfindigkeit handelt, beweisen die vielen Stimmen, die, im einzelnen sehr verschieden, alle fordern, daß der Begriff der "Versöhnung" nicht nur die "objektive Voraussetzung für die Rechtfertigung", nicht nur das "begründende Werk Christi", sondern auch ihre Aneignung,

„ihren aneignenden Vollzug", „die aneignende Wirkung des Geistes Gottes" umfasse (z. B. Kähler, die Versöhnung durch Christum 1885). Meist wird diese Forderung durch Hinweis auf den paulinischen Sprachgebrauch, und zwar mit Recht, begründet; aber es liegt ihr doch auch deutlich das Gefühl für ein überhaupt nicht abzuweisendes dogmatisches Bedürfnis zu Grunde. Es gilt sozusagen die Verbindungslinie zwischen der That Christi und unserem Glauben zu ziehen, genauer unsern Glauben in seiner That zu begründen. Wie sollte dies anders möglich sein als durch den Begriff, daß sein Lebenswerk die Liebe Gottes offenbart? Um Mißverständnisse abzuwehren, hebe ich ausdrücklich wiederholt hervor, daß bei Ritschl selbst durch diese Betonung des Begriffs der Offenbarung die Berechtigung der „Vertretung vor Gott" nicht aufgehoben ist (s. u.). Noch nötiger wird eine andere Bemerkung sein. Heutzutage glauben viele, durch jene Auffassung sei die „u n m i t t e l b a r e W i r k u n g d e s G e i s t e s" (vgl. oben auch den Ausdruck Kählers) gefährdet. Das ist eine Frage für sich; aber auch wenn man mit der tiefsten Überzeugung auf Grund des Neuen Testaments diese Geisteswirkung glaubt nachdrücklicher hervorheben zu sollen als Ritschl, so kann, ja muß man nichtsdestoweniger — soll ich sagen, desto mehr — den Gewinn anerkennen, der in jener Schätzung Christi als der den Glauben weckenden Offenbarung liegt. Irre ich nicht, so ist die Zustimmung zu diesem für das religiöse Leben so fruchtbaren Fortschritt der Dogmatik weit über die Kreise der Ritschl'schen Schule hinaus wirksam. Wir haben nun nicht ein fernes, außer direkter Beziehung zu uns stehendes „Werk Christi", das in Gottes Urteil giltig, in einer nicht direkt verständlichen Weise durch seinen Geist uns zugeeignet wird. Es ist ebensowenig eine „Nachfolge" Christi von uns gefordert, die uns ihm gleichstellt und uns unselig läßt. Vielmehr unmittelbar von dem Eindruck der uns in Christus anschaubaren Liebe Gottes werden wir angezogen, überwältigt, versöhnt.

Damit sind wir aber von selbst zu der z w e i t e n der obengenannten Fragen geführt. (S. 15 u.) Von der ersten wurde gesagt, daß sie wesentlich nur für die Interesse habe, die sich nicht mit dem Verhältnis der Nachbildung begnügen können, wenn sie ihr Verhältnis zu Christus genau verstehen. Jetzt fassen wir eben diese Ueberzeugung selbst in's Auge, daß wir von C h r i s t u s a l s d e r O f f e n b a r u n g G o t t e s d u r c h a u s a b h ä n g i g, daß wir bleibend an ihn als Offenbarung gebunden seien.

Wir richten auf die Thatsache unsere Aufmerksamkeit, daß Ritschl dies nachdrücklichst zur Geltung bringt und warum er es thut. Der Gegenstand muß aber genau bestimmt werden. Nicht um den Nachweis handelt es sich hier für uns, daß Christi Person allein in dem Fall bleibende Bedeutung hat, wenn wir ihn als die Offenbarung Gottes beurteilen. Das ist ein zweifellos richtiger Satz. Seine Richtigkeit kann man sich durch den Gedanken immer schnell vergegenwärtigen: handelt es sich nur um das Lebendigwerden seines Bildes in uns in dem Sinn, daß wir sein religiöses Bewußtsein nacherzeugen, so ist nicht einzusehen, warum er mehr als der erste in der Reihe sein sollte; denn um die empirisch nie vollkommene Wirkung zu erklären, genügt ein relativ vollkommener Anfang. Nur wenn man erkennt, daß zu jener Nachbildung der Mut fehlt, daß die große Botschaft allein noch nicht den Glauben weckt, weil das durch dieselbe Botschaft geweckte tiefe Schuldgefühl hemmend dazwischen tritt; und wenn man nun die Eigentümlichkeit Christi darin erkennt, nicht daß er zuerst besser als wir das Kindesverhältnis zu Gott verwirklicht, sondern daß er in seiner Person Zutrauen weckt zu seiner Botschaft, d. h. aber eben, daß er Gott offenbart, — nur dann ist die spezifische Bedeutung seiner Person für den Glauben gesichert. Aber nicht davon reden wir jetzt, es könnte ja auch eine solche bleibende Bedeutung Christi mit Unrecht, ohne Grund verlangt werden, sondern von jenem (soeben miterwähnten) tiefsten Grund für die Unentbehrlichkeit einer solchen Person, wenn nicht der christliche Glaube ein wesentlich anderer werden, wenn nicht die Heilserfahrung selbst, wie sie im Neuen Testament bezeugt und von den Reformatoren neu entdeckt worden ist, geschädigt werden soll.

Wenn irgend eine dogmatische Frage, so scheint mir diese, von der Parteien Gunst und Haß verwirrt. Daher werde zuerst kurz konstatiert, wie Ritschl sich über sie ausspricht, dann prüfen wir, ob die Einwände seiner Gegner von der rechten Seite begründet sind; daran reihen wir die Versuche der andern, in dem Kampf gegen Ritschl überhaupt die vorliegende Frage als angebliches Mißverständnis oder als gleichgiltig zu beseitigen. So wird Ritschl's wirkliche Meinung noch deutlicher, so auch werden allein weitergehende Wünsche derer verständlich, die in jenem Hauptpunkt ihm beistimmen.

Sehr bestimmt lautet die Erklärung: „die Sündenvergebung

ist nicht aus einem von selbst allgemein feststehenden Begriff von Gott als notwendig abzuleiten... vielmehr ist ihre Geltung an das eigentümliche Wirken Christi geknüpft" (a. a. O. § 48). Noch tiefer aber in die innersten Zusammenhänge führt die schon oben besprochene These Ritschl's, daß die christliche Religion uns in die scheinbar widersprechende Selbstbeurteilung versetzt, daß wie nirgend sonst die Schuld der Sünde erkannt, und dennoch diese Schuld nicht mehr als Trennung von Gott empfunden wird. Die thatsächlich, laut der Erfahrung aller Christen, in der christlichen Gemeinde, aber sonst nirgends vorhandene Lösung dieses Widerspruchs kann in nichts anderem begründet sein, als in der Person dessen, der diese Gemeinde gegründet, ihr dieses eigentümliche Leben gegeben hat. Das ist das immer neue Wunder des einfachen Christenglaubens, dem gegenüber die ersten Gläubigen wie die aller Zeit das Bekenntnis haben: „Ich bete an die Macht der Liebe, die sich in Christo offenbart." Wenn dies dogmatisch mit Nachdruck und Klarheit ausgesprochen wird, scheint mir ein Fortschritt der dogmatischen Entwicklung in der protestantischen Theologie unleugbar.

Nun wird aber bezweifelt, ob Ritschl wirklich in Christo die Offenbarung der versöhnenden Liebe Gottes sehe. Mit Beziehung auf ihn ist es doch wohl geredet: „man meint neuerdings, sich Gottes und seiner Liebe vergewissern zu können, indem man Gottes Dasein und Wirken als ein unentbehrliches Postulat der sittlichen Weltanschauung nachweist" (Kähler a. a. O. 24. 25). Aber davon wird Ritschl nicht getroffen. Ich will nicht wiederholen, was von andern deutlich gesagt worden ist, daß die Beziehung der Liebe Gottes zum Sittengesetz nur in dem Sinne gemeint sei, den innern Zusammenhang der christlichen Grundgedanken aufzuzeigen, nicht aber den Glauben an die Liebe Gottes auf eine außerhalb des Christentums feststehende Vernunftwahrheit zu bauen. Vollends fremd müßte es Ritschl anmuten, wenn man seinen Begriff der Liebe Gottes aus der Einrichtung der Welt überhaupt rechtfertigen wollte. Nach einer andern Seite hin wird Ritschl's Meinung unterschätzt, wenn man sagt: die Liebe Gottes gegen die Sünder sei nicht erst in Christi Lebenswerk offenbar gewesen, sondern schon im Alten Testament; wenn die Wirksamkeit eines Jeremia mit der Jesu parallelisiert, oder sogar der Gedanke ausgesprochen wird, zu jenem

Zweck wäre ein selbst erlöster Paulus geschickter gewesen als ein sündloser Jesus (s. Geß, das Dogma von Christi Person und Werk 1887, S. 258 ff. 26 ff.). Wäre dies Ritschl's Sinn, so könnte unmöglich, wie doch daneben zugegeben wird, nach ihm mit dem Lebenswerk Christi für die Gemeinde Gott verschwinden (260. 264). Wir erinnern aber überhaupt an die früher angeführten Aussagen Ritschl's von der solidarischen Einheit Jesu mit Gott, von der Identität seines Berufswerkes mit dem Selbstzweck Gottes u. s. w. (Über eine andere Seite des Einwandes von Geß s. u.) Wieder andere werden nicht müde, darauf hinzuweisen, daß die Lehre Ritschl's von der Offenbarung der versöhnenden Liebe Gottes in Christus nicht neu sei. Nun beansprucht Ritschl selbst keine Neuheit, die nicht eine Betonung des alten Evangeliums wäre; aber wenn man auch dies leugnen will, weil z. B. schon Rothe den Begriff der Offenbarung auf Christus mit Nachdruck angewendet, so übersieht man dabei, daß Ritschl es von dem obenbezeichneten und sofort weiter zu erörternden neuen Gesichtspunkt aus gethan hat. Das aber ist in der Dogmatik das Entscheidende.

In der That, wäre das Neue alles nicht gut, und das Gute alles nicht neu, so stünden wir vor dem unerklärlichen Räthsel, daß eine große Gruppe den vorigen entgegengesetzter Gegner sich wider Ritschl wendet. Die Bezugnahme darauf wird den entscheidenden Punkt deutlicher hervorheben. Ich darf in diesem Kreise wohl anknüpfen an die schöne letzte Arbeit des uns so früh entrissenen Rüetschi (Theol. Zeitschr. aus der Schweiz 1887, 2). Treffend zeigt er, wie die methodische Frage nach dem wissenschaftlichen Charakter der Dogmatik die Gemüter bewegt, und wie sie, wie das dafür wesentlich entscheidende Verhältnis zur Philosophie im Zusammenhang mit der Untersuchung des Wesens der Religion mit Vorliebe und Scharfsinn behandelt wird. In der Reihe seiner feinsinnigen Urteile lautet eines über Ritschl: er hat es trefflich verstanden, Christus als das Zentrum der christlichen Theologie, als die einzige maßgebende Autorität hinzustellen unter Abweisung aller fremden Metaphysik, und es wäre nur zu wünschen, daß dieser Grundsatz in der kirchlichen Praxis überall noch weit besser befolgt würde, als es thatsächlich geschieht. Aber, fährt er dann fort, Ritschl hat auch Christus völlig isoliert, es giebt keine andere göttliche Offenbarung als die in Christus erschienene. Nun, wenn damit nur gesagt sein soll, daß das Christentum auch die Erfüllung der Wahrheitselemente in den andern Religionen, ja, „der im menschlichen Wesen überhaupt sich ankündigenden Gottesoffenbarung" sein soll, — wer wollte etwas dagegen einwenden? Allein dem aufmerksamen Beobachter der jüngsten dogmatischen Verhandlungen kann doch nicht verborgen bleiben, daß es sich in letzter Instanz um etwas ganz anderes handelt, und daß wir unausweichlich den kunstvoll verdeckten Widersprüchen entsagen und eine klare Entscheidung zwischen einem Entweder — Oder treffen müssen.

Mancherlei Gründe erschweren die klare Erkenntnis der wirklichen Sachlage. Über das Recht oder Unrecht der Metaphysik sind im einzelnen in der Hitze des Kampfes unhaltbare Sätze aufgestellt worden. Namentlich bietet die Betonung des Wertes der christlichen Glaubensgedanken einen scheinbaren Anlaß, Ritschl der Unterschätzung der objektiven Wahrheit zu zeihen. Es sei daher, hat man gesagt, Rollenvertauschung (Lipsius, Jahresbericht 1886, 360), wenn man den betreffenden Gegnern Ritschl's die Meinung imputire, daß der christliche Glaube die Bürgschaft seiner Wahrheit in sich selbst trage. Warum soll dies ungerecht sein? Denn auf die Dauer läßt sich eine runde Antwort auf die Frage nicht umgehen: richte ich in den Schwankungen und Zweifeln des innern Lebens meinen Glauben an die Liebe Gottes wesentlich auf durch die Erwägung des Wertes dieses Gedankens, den ich unmittelbar erfahre, bezw. durch die Erwägung, daß derselbe in das Ganze einer angeblich in sich selbst gewissen, „wissenschaftlich begründeten Weltanschauung" eingeordnet ist? (Auch diese letztere Erwägung führt notwendig auf den inneren Wert jener höchsten religiösen Idee, der Gotteskindschaft, als den Beweis ihrer Wahrheit, zurück.) Oder ist mir die Wirklichkeit dieses wertvollen Gedankens, ist mir die Liebe Gottes, eben nicht als Wunsch, sondern als Thatsache, gewiß und verbürgt durch die eine den Zweifeln meines Herzens standhaltende Thatsache, die Person Jesu Christi? „Die Versöhnung ist ein Gemütsprozeß im Menschengeiste selbst", sagen die Gegner, „nicht ein äußerer Vorgang, der irgendwie und irgendwann zu Gunsten der Menschen geschehen wäre". Die Ritschl'sche Auffassung steht über diesem Gegensatz „nur ein innerer, nur ein äußerer"; ihr ist die Versöhnung ein innerer Vorgang auf Grund des geschichtlichen, dieses „auf Grund von" im strengen Sinn verstanden, nicht nur im Sinn der Anregung. Auf der einen Seite anerkennt man keinen spezifischen Unterschied zwischen der Offenbarung Gottes in Christus und der „Offenbarung Gottes im menschlichen Wesen", (s. o.), als in jedem religiösen Akt sich erneuernder; denn sie ist nur dieser Akt selbst, nach seinem letzten metaphysischen Grund betrachtet. Auf der andern anerkennt man die eine geschichtliche Offenbarung in Christus, die für alle jene religiösen Vorgänge nicht nur maßgebend ist, weil sich in ihnen jenes vorbildliche religiöse Verhältniß nacherzeugt, sondern die dasselbe für alle, welche es erleben, erst aus der Sphäre des bloßen Ideals in die der zweifellosen Wirklichkeit versetzt. Und, nimmt man diese Offenbarung im spezifischen Sinne an, so verzichtet man des Mißverständnisses wegen darauf, die eigenen religiösen Erlebnisse oder die vorchristlichen Religionen mit diesem Namen zu ehren. Doch, das ist namentlich von Herrmann und Kaftan überzeugend nachgewiesen worden. Es soll daher auch nicht die Frage weiter erwogen, sondern nur gethan werden, warum denn diejenigen, welche die christliche Erfahrung auf ihre eigene Gewißheit stellen, die symbolische Bedeutung Christi als des „gewährleistenden" Vorbildes mit Ausdrücken steigern, deren innere Zusammenstimmung mit jener andersgearteten Grundanschauung doch wohl noch niemand hat erweisen können.

Aber es erübrigt, den letzten Grund dieser Differenz noch hervorzuheben, oder, sofern er schon angedeutet wurde, bestimmter hervorzuheben. Warum glauben wir der Versöhnung nur dann gewiß zu sein, wenn wir Christus als die vollkommene Offenbarung der Liebe Gottes ansehen dürfen? Woher die Mühe so vieler Theologen, diesen entscheidenden Punkt immer klarer und unmißverständlicher herauszuarbeiten, da sie doch, durch Mißverständnisse aller Art hinlänglich versucht sind, auf die, wie jüngst gesagt worden ist, „saubereren", d. h. wohl, für den ersten Anblick einfacheren und jedenfalls vor manchem Vorwurf der Unwissenschaftlichkeit gesicherteren Begriffe der Gegner einzugehen? Darf ich eine mir persönlich merkwürdige Erfahrung hier aussprechen? In diesem Lande freiesten Meinungsaustausches gelingt theologische Verständigung so oft bis zu dem Augenblick, in dem die Verhandlung den Begriff der Schuld erreicht. Gibt es Schuld in dem einfachen Sinn, den unser christliches Gewissen bezeugt? Ist dieser Begriff theologisch brauchbar? Oder soll eine „letzte Betrachtung" die Sünde als irgendwie notwendig erweisen? Soll wenigstens die Frage der Schuld ein „Geheimnis" sein, dem gegenüber es nicht erlaubt sei, die logisch unausweichlichen Konsequenzen zu ziehen? Ich meine, hier liege die letzte größte Differenz. Es ist schwer, davon zu reden, weil leicht der Schein eines persönlichen Urteils entsteht. Aber wenn eine Gemeinschaft wie die unsrige diesen bösen Schein nicht zu fürchten braucht, warum sollte man nicht von der Sache reden? Man wird nicht leugnen können, daß die Schuld in jenem einfachen Sinn der christlichen Erfahrung ein Grundbestandtheil, in gewissem Sinn die Grundlage des Evangeliums ist; unverkürzt anerkannt führt sie, scheint es mir, notwendig zu jener spezifischen Schätzung Christi, der sie weckt, nämlich als der einzigen gewissen Offenbarung Gottes. Die Liebe Gottes gegen die Sünder ist ein „Geheimnis, das nur durch Offenbarung kundwerden konnte" (Kaftan). Christus weckt die Sündenerkenntnis und das Schuldgefühl, wie nichts in der Welt; das erschrockene Gewissen führt Er zum Frieden, das ist jene wunderbare Wechselwirkung, die das Heiligtum evangelischen Glaubens ausmacht. Der denkbare Inhalt dieses Geheimnisses aber ist, daß man in ihm die versöhnende Liebe Gottes selbst ergriffen hat.

Gerne wendet man aber ein, daß sich die Wirklichkeit dieser vollkommenen Offenbarung nicht erweisen lasse. Die Forderung dieses Beweises scheint fast eine Art Kriegslist, um von der unbequemen Erörterung über die Notwendigkeit jener einzigen Wertschätzung des geschichtlichen Christus loszukommen. Dabei liegt oft ein Mißverständnis zu Grunde: als handle es sich um eine Überführung für jedermann. Das wäre eine gottlose Offenbarung Gottes; sie zielt ihrer Natur nach nur auf die, welche die sittlichen und religiösen Bedingungen erfüllen, unter welchen allein von einer Gewißheit über den Willen Gottes die Rede sein kann. Nur ihnen will sie Gewißheit geben, einen Halt, der unter allen denkbaren Kämpfen des Glaubens vor der Verzweiflung bewahrt. Das meint auch im letzten Grunde Ritschl, wenn er die Werturteile des Glaubens so stark betont; und dasselbe hat jüngst ebenso Kähler (a. a. O. 21—24) mit besonderem Nachdruck hervorgehoben. Aber, um mich seiner Worte zu bedienen, so wenig „das offenbar gewordene Geheimnis der Versöhnung geeignet ist, rein theoretische Zweifel zu heben", so ist doch sein Verständnis unentbehrlich, diejenigen

Zweifel zu heben, „die in dem Kampf um die Behauptung des rechtfertigenden Glaubens erwachsen." Das zu bewirken ist aber auch die Geschichte Christi wirklich im Stande. Besinnen wir uns über die Merkmale, die wir für eine glaubwürdige Offenbarung Gottes fordern so werden wir keine andere finden können, als die, welche die Geschichte Jesu uns darbietet. Eine Thatsache muß diese Offenbarung Gottes sein, mitten in dieser Welt, die mit ihren widerspruchsvollen Erscheinungen seine Liebe uns nicht gewiß macht. Näher die Thatsache einer Person. Aber nicht eine Person, die nur Mitteilung von Gott machte; der Botschaft würde der Glaube vielleicht zufallen, aber gewiß würde er ebenso wieder erlöschen. Auch wenn die Botschaft mit Wundern beglaubigt wäre. Woran erkennen wir denn diese Person als die Offenbarung Gottes? Selbst die größte religiöse Genialität wäre unzureichend, wenn wir irgend einen Mangel entdecken könnten in ihrer persönlichen, sittlichreligiösen Haltung. Eine Person müßten wir also fordern, in deren ganzer Lebensführung, in deren Berufswirken der Wille Gottes, den sie verkündigt, alles beherrschend, maßgebend sich ausprägt. Dieses Wirken müßte ruhen auf dem innersten Selbstbewußtsein; Gott kann nur offenbaren, wem Gott offenbar ist, dessen Selbstbewußtsein das Bewußtsein ist, mit Gott eins zu sein zum Zweck der Offenbarung. Umgekehrt muß dieses Selbstbewußtsein sich bewähren im Berufswirken und Leiden. Denn wir fürchten uns mit Recht vor einem nur schwärmerischen wie vor einem heuchlerischen Anspruch. Endlich aber, seine Berufstreue muß erfolgreich sein, wenn wir den Eindruck gewinnen sollen, den wir suchen, daß die allmächtige Liebe Gottes ist, nicht von uns erträumt wird. Es ist nicht dieses Ortes, diese Gedanken auszuführen; es sollte nur darauf hingedeutet werden, wie der geschichtliche Christus dem von ihm selbst geweckten Glauben in der Nacht des Zweifels den unerschütterlichen Halt der Gewißheit giebt, indem er sich erweist als den „Sohn des lebendigen Gottes", als die vollkommene Offenbarung der versöhnenden Liebe.*)

Eines scheint mir unleugbar: der tiefste und beste Grund der herz-

---

*) Vollends jenseits unserer Aufgabe liegt es, die wichtige systematische Aufgabe zu begründen, wiefern das theoretische Erkennen seine rechtmäßige Grenze überschreitet, wenn es die entwickelte maßgebende Bedeutung der geschichtlichen Offenbarung für unmöglich oder unnötig erklärt. Daß dies noch viel zu wenig geschieht, wird kein Unparteiischer leugnen.

lichen und dankbaren Zustimmung, welche die Ritschl'sche Theologie gefunden hat, liegt in der **rückhaltlosen Begründung unseres Versöhnungsglaubens auf die Offenbarung Gottes in Christus**. Er selbst charakterisiert sich mit den Worten, daß er theologisiere „in strengster Anerkennung der Offenbarung Gottes durch Christus, genauster Benutzung der heiligen Schrift als Erkenntnisgrund der christlichen Religion" (Schaff, Encyclopedia of living divines, 1887). Diesen **Rückgang auf Christus** empfanden viele als Befreiung, weil als Erlösung von künstlichen dogmatischen Formeln über die Bedeutung Christi, deren Discrepanz mit den Gebeten und Liedern der Kirche, mit den Erlebnissen der Reformatoren, mit den Zeugnissen des Neuen Testaments man schmerzlich innegeworden war, und weil diese Rückkehr doch nicht eine dogmatische Repristination und Restauration sein wollte, sondern prinzipiell Verständnis der Offenbarung mit den uns anvertrauten Mitteln der Erkenntnis.

Hier scheint mir nun die Stelle zu sein, an der mit Recht gefragt werden kann, **ob auf dieser Grundlage der ganze Reichtum des Evangeliums ohne Abzug zur Geltung komme**. Die Punkte, welche in Verfolg des bisher Ausgeführten in Betracht kommen können, sind zahlreich und unzweifelhaft wichtig. Die einen vermissen die unzweideutige Betonung der Auferstehung für die Vollendung des Lebenswerkes Christi, oder tadeln im Zusammenhang damit das Zurücktreten der Fortwirksamkeit Christi im Stande der Erhöhung; andere, wieder daran anknüpfend, sehen die Gemeinde dem einzelnen einseitig übergeordnet, und untersuchen weiterhin die Frage nach dem unmittelbaren Verhältnis Gottes zum einzelnen. Neuestens hat außerdem Geß (a. a. O.) die Lehre Ritschl's von der Offenbarung Gottes in Christus für unzureichend erklärt, sofern das Spezifische derselben in der Hingabe des ewigen Sohnes für die Welt (Joh. 3, 16. Röm. 8, 32) und in dem Bewußtsein des diese Liebe offenbarenden Sohnes um diese Liebe bestehe. Lauter Fragen, die im Vorübergehen nicht besprochen werden dürfen. Ich möchte nur in Betreff der letzten bemerken, daß sie nicht deßwegen für erledigt zu halten ist, weil Geß, wie ich zu zeigen suchte, dem Sinne Ritschl's nicht gerecht wird; damit ist die positive Seite seiner eigenen Anschauung offenbar noch nicht beseitigt, und wer wollte leugnen, daß hier ein großes Problem von der heiligen Schrift dargeboten wird, das wir nicht aufgeben müssen, weil die bisherigen Lösungsversuche unbefriedigend sein mögen. Wer wollte leugnen, daß diese Liebe Gottes unserm Dank noch größer wird, wenn wir den Sohn der Liebe als Opfer der göttlichen Liebe im strengen Sinn von Röm. 8, 32 betrachten dürfen? Das eben ist die Frage, wiefern das fortschreitende Schriftverständnis mit den einzelnen Ergebnissen Ritschl's sich verträgt oder nicht, und darüber reden wir passender, um nicht in leeren Allgemeinheiten uns zu verlieren, im Zusammenhang des folgenden Hauptteils unserer Untersuchung, wo sich ein Beispiel von selbst darbietet.

III. Christus der Vertreter der Menschheit vor Gott, und speziell der Gedanke der Sühne.

Bekanntlich hat Ritschl die Lehre vom dreifachen Amt Christi dahin umgebildet, daß er die Heilswirksamkeit Christi als eine der Beziehung nach zweiseitige, in der Richtung von Gott auf uns, und in der Richtung von uns auf Gott verlaufende, als prophetische und priesterliche, offenbarende und uns vertretende, faßt, beides aber der Bedeutung nach als königliche, nemlich abschließende, unüberbietbare, ewig wirksame faßt. Aus dem dritten „Amt" wird eine Qualität der beiden andern. (Daß die prophetische Thätigkeit keineswegs auf das Bezeugen der Wahrheit beschränkt ist, versteht sich nach allem im 2. Abschnitt Ausgeführten von selbst; sie besteht in der ganzen Vollführung des Berufswerks in Reden, Handeln, Leiden; in ähnlicher Weise ist der bildliche Ausdruck priesterliches Wirken dogmatisch in umfassendem Sinn gebraucht, s. sp.). Ritschl hat mit dieser Ausführung im Unterschied teilweise gerade von Theologen der kirchlichen Rechten (Frank, System der christlichen Wahrheit 1. Aufl. II, 153 ff.), an dem alten Schema festgehalten, und zwar nicht nur, wie Schleiermacher, bloß in einer geistreichen Erörterung dieser Bestimmungen, sondern er hat sie in der eigenen Entwicklung zu Grunde gelegt. Und daß jene Veränderung der Klarheit der Sache dient, werden wohl auch manche von Ihnen im religiösen Unterricht erprobt haben; sie befreit von der Not der Fragen, ob die drei Ämter successiv oder gleichzeitig seien — und welche Gewaltsamkeiten erlaubte man sich in dieser Beziehung gegen die Logik wie gegen das Neue Testament —, namentlich worin denn eigentlich seinem Inhalt nach das königliche bestehe. Hier ist ein Schema, das doch nichts weniger als ein leerer Schemen ist, reichlich bietet sich die Geschichte zur Ausfüllung. Derselbe Inhalt wird vollständig betrachtet eben unter den zwei formell entgegengesetzten Gesichtspunkten. Und keineswegs muß, das werden vielleicht manche einwenden, die Wirksamkeit des erhöhten Herrn dabei verkürzt werden, vielmehr tritt auch diese unter die furchtbare Doppelbetrachtung, die uns eben das Neue Testament an die Hand gibt, wenn es uns den Verklärten als den Herrn des Geistes, in dem wir Gott als Vater anrufen, und als den Herrn, der für uns eintritt zur Rechten Gottes, zeigt: in beidem erhaben über die Schranken dieser irdischen Welt, die er als königlicher Prophet und Priester schon im irdischen Leben überwunden hat. Nun kommt auch der biblische Name „Mittler" zwischen Gott und den Menschen ganz zu seinem Recht, denn Christus wird betrachtet als der in die Mitte tretende, einmal von Gottes, das andere Mal von der Menschen Seite aus.

Indem nun Ritschl das Berufswirken Christi, wie zuerst als offenbarendes, so auch als **priesterliches** betrachtet, weiß er sich im Zusammenhang mit den Bestrebungen anderer evangelischer Theologen, die, wie besonders Beck, Hofmann und Schweizer, anknüpfend an einen altreformierten Grundgedanken, Christus schon in seiner irdischen Wirksamkeit als Haupt der Gemeinde, als Anfänger der neuen Menschheit fassen. Fragt man aber, **worin dieses priesterliche Thun Christi näher bestehe**, so stehen wir an dem vielverhandelten Streitpunkt, an den manche fast allein denken, wenn von Ritschl's Versöhnungstheorie die Rede ist, ob nemlich das Eintreten Christi zu unsern Gunsten **stellvertretendes Strafleiden** ist oder nicht. Die Gerechtigkeit verlangt und die Übersichtlichkeit der Darstellung empfiehlt es, daß wir **zuerst uns vergegenwärtigen, was für eine Stellvertretung Ritschl anerkennt**, erst dann fragen, was für eine er ablehnt. Innerhalb der ersten Aufgabe gilt es, an die wichtigsten Sätze Ritschl's zu erinnern, dann ihre Bedeutung zu prüfen.

Nicht durch eine allgemeine Verheißung, hörten wir schon oben, hat Christus seiner Gemeinde die Sündenvergebung gesichert, er knüpft sie selbst im voraus an seinen Tod, den er in den Worten der Abendmahlsstiftung den Wert des Bundesopfers zuschreibt. Opfer ist derselbe, insofern er „diesem Verhängnis als der durch Gottes Fügung festgestellten Folgerung aus seinem eigentümlichen Berufe in seinem Gehorsam zugestimmt hat." (Unterricht in der christlichen Religion, 3. Aufl. § 40 ff. und die betreffende Ausführung in Rechtfertigung und Versöhnung III), also im Zusammenhang mit der Aufopferung, die seine ganze Berufsthätigkeit ausfüllt. Nur als Gehorsamsthat kann der Tod gottgefällige Gabe sein; darum heißt er der Priester, der sich selbst zum Opfer gegeben. Nicht als ob diese Hingabe allein oder zuerst als eine andern vor Gott zu gut kommende anzusehen wäre. Er ist „Priester zunächst für sich", wenn man so sagen will, d. h., denn das ist das Wesentliche im Begriff des Priesters, er naht zu Gott, verkehrt mit Gott. Dieses sein religiöses Verhältnis ist nicht gleichgiltig gegen sein sittliches Handeln, sein Umgang mit dem Vater ist vielmehr der innerste Quell für sein Berufswirken, und dieses bewährt die Wahrheit von jenem; sein Tod aber ist die höchste Probe der Treue gegen Gott, mithin „der compendiarische Ausdruck für den ganzen Zusammenhang der Lebensleistung Christi aus dem religiösen Motiv". Aber dieses „Priestersein Christi für sich" kommt andern zu gut; er übt es, weil von seinem Selbstbewußtsein sein Berufsbewußtsein unzertrennlich ist, in „der Absicht, seine eigene Gemeinschaft auf seine Jünger zu übertragen", und indem diese Absicht durch seine Treue bis in den Tod erreicht wird, hat er wirklich sein Opfer für die Gemeinde gebracht, die er durch dasselbe gegründet; er hat sie, also „vor Gott vertreten", und Gott „rechnet" den Gliedern der Gemeinde Christi ihre Gemeinschaft mit Christus als die Bedingung an, „unter der er sie zur Gemeinschaft mit sich zuläßt". Nun ist der Satz, von dem wir ausgiengen, verständlich: nicht eine Verheißung der Gnade Gottes durch Christus sichert uns die Sündenvergebung, in diesem (engern) Sinn also nicht seine offenbarende Thätigkeit, sondern die durch das Lebenswerk Christi, speziell die in seiner Treue bis in den Tod vollendete, thatsächlich vollzogene Offenbarung (im umfassenden Sinn des Wortes) der Liebe Gottes. Diese Lebensaufopferung Christi in seinem Beruf hat nicht nur für uns Bedeutung als die einzig zureichende Form der Offenbarung, sondern als solche notwendig Wert vor Gott, eben weil er „alles geleistet hat, was die Möglichkeit gleichartiger Gemeinschaft mit Gott bewähren konnte", dies „alles" aber „nicht nur aus dem Auftrag Gottes, sondern zugleich aus der freien Zuwendung Christi zu Gott abgeleitet wird".

Welchen Eindruck macht uns diese ganze Darlegung? Vor allem soll niemand, der die Dogmatik als die wissenschaftliche Darstellung der geschichtlichen Offenbarung faßt, deren Urkunden die Schriften des Neuen Testamentes sind, den Ausdruck der Genugthuung zurückhalten, daß in der Versöhnungslehre Ritschls der in der heiligen Schrift so stark hervortretende Gesichtspunkt der Vertretung der Menschheit vor Gott offen anerkannt und in wirklich dogmatischer Weise verwertet wird. Wenn man oft in Schleiermacher's Christologie eine mächtige Wirkung des Johannesevangeliums gesehen hat, so darf man die analoge Aussage wagen, jene Betonung des hohenpriesterlichen Wirkens Christi sei ein Lebendigwerden des Hebräerbriefs zusammen mit einer wichtigen Seite der paulinischen Verkündigung, und darf außerdem darauf hinweisen, daß gerade diese neutestamentlichen Schriften beide Gesichtspunkte auch wieder bedeutsam verbinden, wie umgekehrt im Johannesevangelium das Sichselbstheiligen Christi so merkwürdig dem leitenden Begriff der Offenbarung zur Seite tritt. Bedenken wir, wie lange Zeit das „Hohepriestertum Christi" als ein jüdischer Gedanke fast verächtlich bei Seite gestellt war, so wird man seine Erneuerung überhaupt nicht gering anschlagen. Noch mehr muß man die Art der dogmatischen Behandlung dieses Begriffs würdigen. Wenn Ritschl selbst sagt, daß er darin Vorgänger habe, so mögen wir außer der schon erwähnten Bezeichnung Christi als Hauptes der neuen Menschheit besonders an die rein persönliche, nicht dingliche, Leistung Christi denken, und wie dieselbe in erster Linie ein Thun für ihn selbst ist — Vorstellungen, die wir fast als Gemeingut aller biblisch orientierten Theologen bezeichnen dürfen. Aber die Vorzüge seiner Fassung sind doch sofort einleuchtend. Wie unbestimmt lauteten die Sätze: „Gott sieht uns in Christus an", oder „Christus hat die Gerechtigkeit hergestellt, die vor Gott gilt"; oder „Gott hat die Garantie in Christi Tod, daß die Sünde nicht leicht genommen wird" u. s. w. Lauter Gedanken, denen wir einen religiösen Wert abfühlen, die aber keineswegs vollkommen klar sind, denn man erfährt nicht, wie die hiebei gemeinte Leistung Christi uns zugut kommen solle, ja nicht einmal, was denn genauer Gott fordern müsse; und wo letzteres, wie in dem dritten der genannten Sätze, deutlich ist, lassen sich verschiedene Wege denken, wie Christus diesem Zwecke Gottes genügt, auch ist die Gefahr nicht ausgeschlossen, daß die Garantie des neuen sittlichen Lebens zur Bedingung der Rechtfertigung gemacht wird, wodurch wir das sola fide gefährden. Bei Ritschl's Auffassung dagegen kann kein Zweifel sein, worin das gottwohlgefällige Wirken Christi besteht: er erfüllt alle Bedingungen, unter welchen der Glaube an die Liebe Gottes möglich ist, er thut alles, uns zu vergewissern, daß Gott der Vater ist. (Darin liegt im weitern Verfolg freilich eingeschlossen, daß wir nur in der Aneignung des Zweckes Gottes, in der Mitarbeit an seinem Reich, in der Liebe Gottes bleiben, seine Gnade genießen können. Aber das ist bei richtiger Verhältnisbestimmung zwischen dem Religiösen und Sittlichen selbstverständlich, und jede Gefahr ist ausgeschlossen, daß dieses unser im Glauben an Gottes Gnade begründete Thun Bedingung der Rechtfertigung würde. S. o. Über eine andere Seite dieser Sache s. bei der „Sühne"). Hiebei brauchen wir gar nicht zu fragen, ob und wie Christus dieses gottgefällige Wirken möglich gewesen sei; wir bedürfen keinen neuen Stoff seines Handelns und Leidens, den wir nicht, als von seiner offenbarenden Thätigkeit die Rede war, kennen gelernt hätten. Endlich aber versteht sich ganz von selbst, wiefern diese Leistung (wenn wir den Ausdruck brauchen wollen) uns zu gut komme; sie besteht ja im Wirken auf uns, also ist jene Sorge gar nicht vorhanden. Das auf uns gerichtete Wirken Christi selbst ist das für Gott wertvolle, das uns in Gottes Urteil zu statten kommt.

Nichtsdestoweniger hat diese Darlegung Ritschl's nicht allseitige Zustimmung gefunden: abgesehen von den Gegnern, die überhaupt die Vorstellung vom priesterlichen Eintreten Christi als eine nicht zur Klarheit zu bringende fallen lassen, und abgesehen von dem Widerspruch, welchen die Anhänger der „Sühne" erheben. Die Bedenken fassen sich wohl in dem Einwand zusammen, der ganze Begriff stehe nicht selbständig genug, und daher komme auch seine Bedeutung für unsere christliche Erfahrung nicht ganz zur Geltung. Sollte jenes heißen, er dürfe nicht in letzter Beziehung dem leitenden Begriff der Offenbarung Gottes in Christo subsumirt werden, so wüßte ich keinen Weg zur Verständigung anzugeben. Denn jene Subsumtion ist ebenso aus allgemeinen Gründen wünschenswert, wie, und das ist wichtiger, durch die biblischen Aussagen gefordert. Einer Verselbständigung des Eintretens Christi für uns, die mit den klarsten Grundanschauungen des Neuen Testaments (z. B. 2 Cor. 5, 19, Joh. 3, 16) streitet, kann sich die Dogmatik nicht annehmen, woran wir bei der Erörterung der Sühne uns werden zu erinnern haben. Allein man wird zugeben können, daß Ritschl nicht ausdrücklich genug jenes priesterliche Thun Christi „auf einen Wert vor Gott beurteilt", das heißt, darauf hin, welches sein Wert für Gott sei; und daraus wird sich auch ableiten lassen, was an stärkerer Betonung für unsere Erfahrung vermißt wird. Denn darin werden wir ihm ja beistimmen, daß nicht unsre Erfahrung, sondern „Gottes Wort" die maßgebenden Urteile fällen darf. Ich erlaube mir darüber einige Bemerkungen. Wir haben gehört: die vollkommene Berufstreue, in welcher Christus Gottes Liebe offenbart, ist der Grund für das Dasein einer Gemeinde, die an diese Liebe glaubt. Aus diesem Grund hat Christus den höchsten denkbaren Wert vor Gott. Warum? Doch wohl, weil ohne Glauben an die Offenbarung diese selbst nichts ist. Ohne Christi im Tod vollendete Berufstreue giebt es aber diesen Glauben nicht (s. o.), also auch keine der Liebe Gottes entsprechende Offenbarung. Diese Ermöglichung des Glaubens aber ist nicht Sache der göttlichen Allmacht, wie wir oben von Ritschl selbst gehört, Christi Lebenswerk entspringt nicht blos aus Gottes Auftrag, sondern zugleich aus der freien Zuwendung Christi zu Gott. Deswegen hat Christus, weil er durch sein Lebenswerk Gott glaubwürdig offenbart, als **der Urheber unsres Glaubens an die in ihm gegebene Offenbarung den denkbar höchsten Wert vor Gott**; als die Größe der Geschichte, welche den ewigen Liebesrat verwirklicht. Diesen Gedanken, meine ich, dürfen wir stärker betonen als Ritschl nach seiner Ausführung über die Ewigkeit Gottes (Rechtfertigung und Versöhnung 2. Aufl. III, 255 ff.) zuzugestehen scheint.

Daß wir hier an der Grenze unsrer Erkenntnis stehen, bedarf keines Beweises; Gottes Ewigkeit im Verhältnis zur Zeit, mehr noch zu freien sittlichen Persönlichkeiten begreifen wollen, heißt begreifen wollen, wie unser Gott, der Vater unsers Herrn Jesus Christus, sein kann. Aber wir sind ja gerade durch Ritschl an das gute Recht erinnert worden, nicht metaphysischen Spekulationen zu lieb, deren Erfolglosigkeit unschwer einzusehen ist, die „Glaubensgedanken" uns zu versagen, auf welche der in der Offenbarung gegründete Glaube geführt wird, speziell also in unsrer Frage nicht die Lebendigkeit der göttlichen Liebe einem doch widerspruchsvollen Begriff der Ewigkeit zu opfern.

Von hier aus noch ein Wort über den **praktischen** Wert der **Lehre vom Eintreten Christi für uns.** Wir dürfen nun in Übereinstimmung mit der ganzen Ausführung sagen, die Begründung unsres Glaubens liegt so sehr in ihm, daß unser Eingehen auf seine Absicht trotz aller Freiheit desselben — der einzigen Freiheit, die den hohen Namen ganz verdient — nicht nur momentan für unser Bewußtsein zurücktreten kann, sondern in der That für unsre ganze christliche Selbstbeurteilung zurücktreten darf und soll. „Soll" besonders in den Momenten falschen Selbstgefühls, „darf" in denen der Verzagtheit. Das ist nicht eine Hyperbel des Glaubens. Es ist **wirklich Christus allein, um dessen willen Gottes Wohlgefallen auf uns ruht.** Wäre er nicht, es gäbe keinen Glauben an die Liebe Gottes, diese Liebe wäre niemandem offenbar. Gott selbst erkennt allen Glauben an seine Liebe als die Frucht des Werkes Christi, wir dürfen jetzt sagen, seines Glaubens. Dieser gilt vor Gott, der unsrige nur, sofern er nun Glaube an Christus ist, der in uns den Glauben schafft. Mithin ist es im strengsten Sinne festzuhalten, daß wir nur durch den Glauben an Christus gerechtfertigt werden. (Vgl. wie bei dieser Auffassung die **religiöse** Einheit der paulinischen und johanneischen Anschauung „Ich in ihnen und du in mir" hervortritt.)

Über die Bedeutung des hohenpriesterlichen Wirkens Christi in dem entwickelten weitern Sinn herrscht unter den das Neue Testament als die primäre Quelle der Glaubenslehre verwertenden Dogmatikern einiges Einverständnis, wenn wir uns auch überzeugten, daß die wirkliche dogmatische Sicherstellung eine noch zu lösende Aufgabe bleibt. Nicht ebenso können wir urteilen, wenn wir uns der oben als der zweiten unsres Abschnitts genannten zuwenden, ob irgendwie der Gedanke der **Strafstellvertretung** festgehalten werde. Die Autorität Ritschl's, für den Begriff der Vertretung überhaupt eintretend, hat um so energischer gegen jene Näherbestimmung desselben sich gewendet. Man darf nicht vergessen, daß er überhaupt noch nicht lange in die dogmatischen Verhandlungen ist wieder eingeführt worden, nachdem er seit der Niederlage der altprotestantischen Satisfaktionslehre gegen Socinianismus und Rationalismus vorzugsweise in kleineren Kreisen von Frommen war gepflegt worden, in demselben mächtig gestützt durch die Beschäftigung mit dem Neuen Testament und den Fortgebrauch der Kirchenlieder. Erweckten diese letzteren Beobachtungen ein günstiges Vorurteil, so hatte die dogmatische Wiederverwertung wenigstens zum Teil das ungünstige Vorurteil gegen sich, als handle es sich um bloße Restauration einer alten Lehre: um so mehr, als man doch nicht diese alte Lehre in ihrer geschlossenen Strenge vorzutragen wagte, sondern mit allen möglichen Milderungen, in denen es oft schwer war, ein klares Prinzip zu erkennen. Ritschl sieht das Gemeinsame dieser Versuche darin, daß an die Stelle der göttlichen Strafgerechtigkeit der unbestimmter gebrauchte der göttlichen Heiligkeit tritt, und daß dem entsprechend der freilich manchfach und selten genauer definierte Begriff der „Sühne" statt des „stellvertretenden Strafleidens" bevorzugt werde, d. h. irgend welche Genugthuung an jene Heiligkeit Gottes, nicht eigentlich an das unverbrüchliche Rechtsgesetz im Sinn der Alten.

Bei dieser Sachlage erscheint der große und umfassende Angriff Ritschl's auf diese ganze Position aussichtsreich. Der Einwand, daß auch er mit socinianischen Waffen kämpfe, will nicht viel bedeuten: Gründe verlieren, wenn sie wirklich gut sind, nicht durch Alter. Aber es waren auch nicht nur die alten. Immer wieder weist Ritschl auf die biblische Begründung seiner Einwände hin. Unbiblisch sei der Gegensatz zwischen der Gerechtigkeit und Liebe Gottes; unbiblisch die Annahme, daß die alttestamentlichen Opfer, nach deren Analogie der Tod Christi beurteilt wird, auf die Umstimmung Gottes vom Zorn zur Gnade angelegt seien, daß das Opfer einen Strafakt in sich schließe u. s. w. Wenn er andrerseits die Möglichkeit bestreitet, daß der Schuldlose Strafe für die Schuldigen übernehmen und daß das Verdienst jenes auf diese übertragen werden könne, so wissen wir alle nur zu gut, wie die Entwicklung unsrer sittlichen Begriffe solchen Einwänden ein ganz anderes Gewicht giebt, als einst bei ihrem ersten Auftreten: aus dem einfachen Grund, weil wir auch diese einem bessern Verständnis nicht irgend einer, sondern der christlichen Grundanschauung vom sittlichen Werte der Person und ihrer Verantwortlichkeit entsprungen sehen. Denn Ritschl hat ja auch den socinianischen Begriff der sittlichen Weltordnung nachdrücklich bekämpft, die Majestät des Sittengesetzes echt evangelisch betont, ja sogar, wie wir sahen, im Zusammenhang damit für den Begriff der Vertretung Raum geschafft, mithin scheint er allen gerechten Anforderungen zu genügen.

Warum ist der Widerspruch von Seiten der Anhänger der „Sühne" noch immer nicht verstummt? Geß hat in seinem neuesten Werk (s. o.) das Problem nach den Kategorien besprochen: die Weise und die Notwendigkeit des Sühnens und die Möglichkeit der Stellvertretung, letzteres in dem Sinn, wie jenes Sühnen der Menschheit zu gut kommen kann. Das Hauptinteresse richtet sich natürlich zunächst auf die Notwendigkeit, d. h. auf die Frage, ob im christlichen Gottesbegriff, oder, was dasselbe in einer bestimmten Anwendung ist, im christlichen Vollbegriff der Sünde die Forderung begründet werden kann, daß die Versöhnung nur unter noch anderen Bedingungen möglich sei als den schon zugestandenen, durch eine noch „tiefere", „direktere" „Genugthuung" für die Sünden, eben eine „Sühne". Die Erörterung dieser Frage wird nicht nur erschwert durch die vielfach noch nicht beseitigte Halbklarheit der Begriffe; man muß doch nicht nur sagen, daß man „etwas", sondern „was" man an Ritschl vermisse; noch mehr aber dadurch, daß der Streit des Tages unleugbar Mißverständnisse hervorgerufen hat, die um der Klärung der Sache willen zu bedauern sind. Vielleicht tritt der wirklich vorhandene und, wie ich meine, nicht unwichtige Unterschied am deutlichsten hervor, wenn wir davon ausgehen, daß die Ritschl bekämpfenden Theorieen in dem entscheidenden Punkt ihm sehr weit entgegengekommen sind, und daß diese Annäherung nicht durch eine Verkennung der Lehre des Gegners darf verdunkelt werden. Ich meine mit dem ersten Satz die Thatsache, daß auch Ritschl's bedeutendste Gegner offen die Lehre aufgeben, daß Gott versöhnt werde; mit dem zweiten, daß Ritschl die Sündenvergebung für etwas Selbstverständliches halte.

„Nicht Gott ist es, der versöhnt wird, sondern er ist selbst der Versöhner," sagt z. B. Kähler (a. a. O. 7 ff.). „Gott kann nicht als der Gegenstand des versöhnenden Thuns eines Dritten gedacht werden." Er zeigt dann, wie leicht eine „Entwertung des Werkes Christi" mit der unumwundenen Anerkennung dieses Satzes verbunden sei, wie begreiflich daher die Neigung, doch wieder irgendwie zu lehren, daß Gott auch sich selbst mit der Menschheit versöhnt habe; wie unmöglich aber doch jeder Gedanke einer Umstimmung Gottes bleibe, weil die Unwandelbarkeit seiner innersten Gesinnung der feste Punkt ist, an dem die Frommen des alten und neuen Bundes sich aufrichten. Wohl aber dürfe und müsse man einen Unterschied zwischen Gesinnung und Verhalten Gottes machen. „Der Christ erkennt im Glauben, was die edleren Geister ahnten und forderten, nemlich die unverbrüchliche Ordnung der sittlichen Welt, ohne welche diese Welt nicht Gottes Welt wäre." „Der Bruch dieser Ordnung macht unerläßlich, daß ihre Geltung nicht nur verkündigt (s. u.), sondern bethätigt werde; das Tiefste und Beste unsres Lebens hängt an dieser Geltung." Und ergreifend wahr für ein christliches Gemüt ist der folgende Satz: „Des Menschen Wert ist besser gewahrt, wenn er an ihrer Aufrechterhaltung zerbricht, als wenn sie um seines bloßen Daseins willen vernachläßigt wäre." (Erinnern wir uns aber nicht auch, wie tief gerade Ritschl das Wort vom Wert der Welt und vom Wert der Seele erneut hat?) Und nun der Schluß: „Eine heilsame Umstimmung der Sünder ist nicht zu denken ohne die thatkräftige Geltendmachung des göttlichen Gesetzes und seiner Schuldforderung." Darum ist eine Versöhnung mit Gott für den Gott der heiligen Liebe unmöglich, wenn nicht das Hemmnis der Schuld behoben, der Zorn des Heiligen (s. o. über Gesinnung und Verhalten) zur Auswirkung gekommen ist." Mit diesen Sätzen stimmt Geß (a. a. O.) in allem Wesentlichen überein. Auch er folgert eine Geltendmachung des göttlichen Gesetzes und seiner Schuldforderung aus dem Wesen der heiligen Liebe Gottes. Ja er eignet sich als biblischer Theolog die Erkenntnis an, daß Heiligkeit und Gerechtigkeit nicht Gegensatz zur erlösenden Liebe ist, sondern selbst schon erlösen will, aber in diesem Erlösungswillen des heiligen und gerechten Gottes ist als Moment jene notwendige Forderung enthalten. (Vgl. bes. noch a. a. O. die schöne Ausführung 110 f.) Durch eine derartige Fassung, heißt es nun, werde unser Anliegen befriedigt, daß wir „in Christi Erlebnissen mehr als nur eine ausdrückliche Ankündigung der selbstverständlichen Nachsicht des gnädigen Gottes mit unsren sittlichen Gebrechen spüren." Dies der Punkt, auf den ich hinwies, an dem die scheinbare Annäherung der Gegner zur desto tieferen Kluft zu werden droht. Mit andern Worten, es handelt sich um den Vorwurf, daß Ritschl das quanti ponderis sit peccatum, auf welchen Anselmischen Ausdruck oft hingewiesen wird, verkenne. Und wer empfände nicht, daß in dieser Frage um das Heiligtum gestritten wird.

Sehe ich recht, so wird die Unterschätzung der Sünde bei Ritschl aus vier unter sich zusammenhängenden Gründen erhärtet, die ich in der Kürze nur berühren kann. „Die Negation der Erbsündenlehre." Wie dem sein mag, hier ist jedenfalls der andere Hinweis auch berechtigt, daß Ritschl durch den Begriff des Reichs der Sünde, d. h. durch eine längst vernachläßigte dogmatische Verwertung des unerschöpflichen Wortes Christi vom Ärgernis die Schuld des einzelnen in ganz eigenartiger Weise betont und das Gefühl der Verantwortlichkeit verschärft hat. Also muß man vorsichtig sein mit dem Vorwurf, daß die Schuld leicht genommen werde. Man darf auch nicht vergessen, daß Ritschl (s. o.) die Erklärung der Sünde als notwendigen Durchgang zum Guten ablehnt. — Sodann: „Die Beurteilung der Sünde als Unwissenheit." Man übersieht, daß Ritschl ausdrücklich diesen Begriff geltend macht, um die sittliche Möglichkeit der Aufnahme von Feinden in das Kindesverhältnis zu Gott zu erklären, nicht um die Sünde als unverschuldete Willensschwäche oder gar als einen bloßen Mangel an Einsicht zu beschönigen; jene Verwertung aber ist durch die betreffenden biblischen Stellen gerechtfertigt, hat sich in vielen Beispielen der christlichen Erfahrung, die sich an die Selbstbeurteilung 1 Tim. 1, 12 ff. angeschlossen haben, bewährt, und ist in der Glaubenslehre, um nur eines zu nennen, der treffendste Gegensatz zu dem Gedanken von der Sünde wider den hl. Geist, der dadurch in ein ganz überraschendes Licht tritt. — Ferner: „Der unveränderliche Wille Gottes, der durch die menschliche Sünde in keiner Weise afficirt wird, die Bekehrung der einen, die Vernichtung der andern ewig schauend, entspricht nicht der christlichen Erfahrung vom Wechsel zwischen Gnade und Zorn Gottes." Ich habe schon oben hervorgehoben, daß es mir scheint, Ritschl lasse sich hier mehr, als seine Voraussetzungen fordern oder gestatten, von einem halb philosophischen Begriff der Ewigkeit Gottes leiten. Aber darf die Anklage auf Leichtnehmen der Sünde hierauf begründet werden? statt auf ausdrückliche Sätze über die Sünde, auf Consequenzen, die man aus einer Aufstellung zieht, die jedenfalls zu den theologisch schwersten, zu denen gehört, worüber auch im Lager der Gegner Ritschl's keine Einstimmigkeit herrscht? Denn jener Unterschied, den z. B. Kähler zwischen Gesinnung und Verhalten Gottes macht, ist nicht identisch mit den Ausführungen von Geß darüber daß „das Herz Gottes gegen Gerechte und Ungerechte sich nicht in gleicher Weise verhält" (a.

a. O. 118), wobei deutlich ist, daß dem engeren wie dem weitergehenden Satz religiöse Materie zu Grund liegen: einerseits die Sichselbstgleichheit des Liebeswillens Gottes, und andrerseits die Begründung seines „Verhaltens" in seinem „Willen". Hier zeigen uns auch schon die ersten Schritte, welche Dunkelheiten wir betreten, und wie leicht es ist, „Consequenzen zu ziehen". — Viertens spitzen sich endlich alle bisherigen Einwände gegen Ritschl gern in dem einen, von dem wir ausgiengen, zu: die Sündenvergebung in Christus sei etwas Selbstverständliches. Kann man das zuversichtlich sagen, wenn die trostvolle Paradoxie, das Wunder der Rechtfertigung von Sündern, bei Ritschl zu der einzigartigen Schätzung Christi als der Offenbarung Gottes und dieser als der in dem priesterlichen Thun Christi verwirklichten geführt hat? Wir dürfen auf die ganze bisherige Ausführung verweisen.

Nichtsdestoweniger meine ich, kann man doch die Gegner Ritschl's, welche Sühne fordern, verstehen und ihrem tiefsten Interesse Recht geben. Ritschl beurteilt die Sünde streng; aber wenn er sie so streng beurteilt, warum lehnt er den Gedanken ab, daß Vergebung sittlich nur möglich ist, wenn, mit Kähler zu reden, „die Schuld der Menschheit zur Geltung gebracht ist", durch die „thatkräftige Geltendmachung des göttlichen Gesetzes und seiner Schuldforderung"? Damit, daß das Grundverhältnis zwischen Gott und Mensch prinzipiell kein Rechtsverhältnis ist, hat Ritschl ohne Zweifel Recht; das haben ihm die Genannten auch alle zugegeben. Wenn aber die Sünde wirklich, wie uns Ritschl sagt, Feindschaft gegen Gott ist, und wenn diese Feindschaft wirklich die unselige That der Freiheit ist, wenn es **wirkliche Schuld giebt, kann dann die Liebe Gottes sich offenbaren, ohne daß der ganze Frevel dieser Sünde gegenüber der Unverbrüchlichkeit des göttlichen Gesetzes anerkannt wird?** Wo nicht, so scheinen leicht die Sätze über die Sünde selbst ins Schwanken zu kommen. Erscheinen nicht manchem um der Ablehnung jeder Sühne in Christi Tod willen die Sätze über die Sünde weniger nachdrucksvoll, da doch Ritschl selbst anleitet, die Sünde allein in Christi Offenbarung zu erkennen? Wie, wenn aus seinem Tod gerade eine noch bestimmtere Antwort auf die Frage folgte, quanti ponderis sit peccatum?

Doch ehe ich versuche, diese Betrachtung zum Ziel zu führen, erübrigt ein Wort über jene andern Gesichtspunkte, die für die Vertreter des Sühnegedankens in Betracht kommen. Worin besteht zunächst die That Christi, die man „sühnend" nennt? Auch hier ist ein großes Entgegenkommen nicht zu leugnen, gleichbedeutend mit ebenso großem Zurückweichen von der Linie der alten Auffassung. Ich meine die nun so gut wie allgemein zugestandenen Sätze, daß es sich nicht um die Abbüßung eines auf der sündigen Menschheit liegenden Strafquantums handeln könne, und daß, was wichtiger, Christus auch im Leiden als der Thätige erscheint. Besonders Geß (a. a. O. 64 ff.) hat das nachdrücklich hervorgehoben. Die heilige Weise, wie er dieses „Gemachtsein zur Sünde" trug, bringt uns das Heil, es ist die That der heiligen Liebe, der Gehorsam im Leiden. Insbesondere aber hat dieser Theologe jetzt deutlicher als in seinen frühern Abhandlungen jeden Gedanken, als ob Christus wirkliches Schuldgefühl gehabt hätte, ja als ob auch nur das Schuldgefühl „eine Resonanz in ihm gefunden habe", abgelehnt; selbst dies, sagt er, wäre gegen die sittliche Wahrheit. Etwas anderes ist die Gottverlassenheit des Sünders, etwas anderes das Zurücktreten des Genusses des väterlichen Liebesgefühls. Letzteres nimmt Geß als das eigentliche Leiden im Leiden Christi an, jenes lehnt er ab (a. a. O. 89 f.). Diese offene Aussprache ist noch wertvoller als die Franks, es sei ein „schriftloses Theologumenon" (Syst. d. christl. Wahrh., 1. Aufl. II, 181), daß Christus die Strafe erduldet habe, welche die unerlöste Menschheit erduldet haben würde. Denn diese Äußerung verzichtet nicht so bestimmt auf jedes persönliche Schuldgefühl des Schuldlosen. Geß zeigt an diesem Punkt besonders deutlich, wie viel noch gewonnen werden kann, wenn wirklich die leitenden Gedanken der Offenbarung durchgeführt werden. Nicht minder wertvoll ist seine positive Darlegung, worin die sühnende That des Leidens Christi bestanden habe. Er hat die Übel und den Tod, „welche die Sünder ohne Verständnis, mit Murren, oder im Stumpfsinne tragen, verstanden als Gottes Gericht und anerkannt als gerechtes Gericht." Diese Beugung unter Gottes Gericht kann gerade er geben, weil er die Sünde erkennt, wie Gott sie erkennt, weil er als der Gottessohn, der das Haupt der Menschheit ist, die ganze ideale Aufgabe des Geschlechts erkennt, die wir verkannt haben (a. a. O. 419 ff.).

Was endlich die Wirkung dieser That Christi zu unsern Gunsten betrifft, so stellt Geß sie in Analogie zum fürbittenden Eintreten, das nicht beanstandet werden dürfe, wenn Gott als die freie Liebe ge=

dacht wird. Die Sünder bekommen im Glauben Anteil an der That Christi; Gott hört auf, die Sünde zu richten, weil Christus die Sünde der Menschen gerichtet hat. Ähnlich Kähler (a. a. O. 26 f.): „allein das Strafopfer des Sohnes Gottes verbürgt dem Sünder die Unwandelbarkeit der vergebenden Gnade. Keine durchdringendere Ankündigung des Gesetzes als seine richterliche Gerechtigkeit an dem, der Fluch geworden ist für uns." „Er bürgt dafür, daß es derselbe unwandelbare heilige Wille ist, dessen Zorn offenbart wird über alle Gottlosigkeit der Menschen, der aber uns geliebt und seinen Sohn für unsre Sünden gesandt hat."

Diese Darlegungen in ihrem Grundgedanken scheinen mir berechtigt. Ich versuche sie nach einigen Seiten noch zu verfolgen und dabei Einwendungen zu entkräften, die Ritschl gegen mich gerichtet hat (Rechtf. u. Vers. 2. Aufl. 3, 513 f.) Bei dem noch so schwankenden Stande der biblischen Untersuchungen über die Begriffe Gerechtigkeit und Heiligkeit Gottes hatte ich gesucht, nur aus dem gemeinsam anerkannten Begriff der Liebe Gottes im christlich-sittlichen Vollsinn die Notwendigkeit und Möglichkeit einer Sühne im Tod Christi zu erweisen. Verzeihung sei nur möglich unter der Bedingung, daß der Schuldige seine Schuld voll anerkennt, und diese reuevolle Anerkennung der Unverbrüchlichkeit des Sittengesetzes sei der letzte Zweck aller Strafe, welche sittlichen Charakter hat. Wir finden nach dem Zeugnis unsres christlichen Gewissens nicht die unendliche Reue über die Sünde in uns, die eben dieses christliche Gewissen verlange. Christus aber habe unter den Leiden seines Berufs ohne Schuldgefühl jene schmerzvolle Anerkennung der unverbrüchlichen Majestät der sittlichen Weltordnung, des unendlichen Unwertes ihrer Störung vollzogen, so den Zweck aller Strafe, den unser Schuldbewußtsein nie erreicht, verwirklicht und also uns von jener auf uns liegenden Schuldigkeit vollkommener Reue befreit. In dieser Darstellung war ohne Zweifel die Forderung unendlicher Reue falsch; dadurch wird der Verdacht erregt, als wolle die Sünde als unendliche bezeichnet werden, was übereinstimmend mit Ritschl nun auch Geß widerlegt hat. Ferner erkenne ich gerne an, daß der unsrer Reue bei aller Verwandtschaft nicht gleichartige Sündenschmerz Christi sich nicht zu einer Ergänzung unsrer Reue eignet. Allein deswegen scheint mir doch nicht der von mir gemeinte Gedanke selbst unbrauchbar zu sein. Er möchte den verwandten, von Geß, Dorner, Kähler und andern vorgetragenen, dahin ergänzen, daß nicht sowohl das Gericht Gottes über die Sünde als solches, sondern der Zweck alles göttlichen Gerichtes in's Auge gefaßt, oder daß dies doch noch stärker betont wird, denn Gott straft nicht, damit eben gestraft sei, und irgendwie sein Ernst gegen die Sünde sich manifestire. Jener Zweck liegt ohne Zweifel in der reuigen Anerkennung des Sünders, das Unverletzlichste verletzt zu haben, das sittliche Gesetz Gottes. Damit hängt das andere zusammen, woran mir liegt, nemlich **die Art und Weise genauer zu bestimmen, wie denn das mit heiliger Beugung unter Gottes Gericht getragene Leiden Christi uns zu gut komme**, und jenen Zweck alles göttlichen Gerichts verwirkliche in Beziehung auf uns. Es scheint mir dies notwendig zu sein, wenn nicht doch zuletzt der alte Einwand, daß keine moralische Leistung übertragbar sei, in Geltung bleiben soll; es scheint mir aber auch möglich, nämlich in ganz derselben Weise, wie oben die Vertretung der Menschheit vor Gott überhaupt definirt wurde.

Diesen Zwecken möchte die Andeutung folgender Gedankenreihe dienen. Ausgangspunkt ist das weithin Zugestandene: Christus Offenbarung der Liebe Gottes und zwar der in christlichem Vollsinn sittlichen (heiligen, gerechten) Liebe, mit deren Begriff nichts weniger verträglich ist, als ein Leichtnehmen der Sünde, in deren Begriff die alttestamentliche Strenge zwar entschränkt, aber keineswegs aufgehoben ist. Diese Liebe fordert eine Bedingung, den Glauben, das Vertrauen. Aber solcher Glaube, solches Vertrauen, gerade wenn mit dem ganzen Nachdruck des neutestamentlichen Begriffs gedacht, hat notwendig in sich das Moment der Erkenntnis und Anerkenntnis, welche Schuld vor Gott die Sünde, der Unglaube, das Mißtrauen ist. Dies leugnet im Grunde niemand. Aber wir müssen genauer fragen, wie dieser bußfertige Glaube wirklich zu Stande kommt. Diesen Glauben an die durchaus sittliche Liebe Gottes, der die Reue über die Sünde als wesentliches Moment einschließt, wirkt Christus durch Reden, Handeln und Leiden. Speziell die Reue über die Sünde wirkt er nicht nur dadurch, daß er redend und handelnd bezeugt, die Liebe Gottes sei nur für die Bußfertigen, sondern er weckt diese Buße in ihrer christlichen Tiefe wesentlich durch das rätselvolle Geschick seines Leidens; das Kreuz ist die gewaltigste Thatpredigt von dem unverbrüchlichen Ernst der göttlichen Liebe, die den „zur Sünde macht, der die Sünde nicht erkannt hat". Er selbst aber, in dieses dunkle Geschick dahingegeben, nimmt dasselbe auf sich in demütigem Gehorsam, weil er die göttliche Absicht erkennt, darin, daß es ihn treffen muß, den Schuldigen zu zeigen, welcher Ernst es Gott mit der Verurteilung der Sünde ist. Wie dadurch die Seligkeit Christi gestört werden sollte (Ritschl a. a. O.), ist nicht abzusehen, wenigstens die von der wirklichen Geschichte seines Lebens bezeugte, die Gethsemane und den Kreuzesruf muß gelten lassen können. In diesem Leidensgehorsam, den die genannte Absicht beseelt, ist Christus unser Vertreter vor Gott; wie er es überhaupt ist, indem er den Glauben an Gottes Liebe in uns hervorruft, so auch speziell, indem er die vom wahren Glauben unzertrennliche Reue über die Sünde in uns hervorruft. Und wie unser Glaube seine That ist, so unsre gläubige Reue: Gott sieht uns auch hierin durchaus von ihm abhängig.*)

Möchten diese Andeutungen über die Sühne, mit denen ich mich für heute begnügen muß, zeigen, daß ihr Motiv gerade nicht die Lust an selbstquälerischem Nichtfertigwerden mit der eigenen Reue ist (Ritschl a. a. O.), sondern das evangelische „sola fide", so, wie dasselbe die Not des von der Offenbarung geweckten und an ihr geschärften Gewissens befriedigt. Daß aber auch der systematische Zusammenhang durch die Aufnahme dieses Moments nicht zerstört wird, erhellt, hoffe ich, von selbst; die Einordnung dieses Begriffs der Sühne in den der Vertretung überhaupt und dieses in den der Offenbarung kann ja nicht zweifelhaft sein.

Aber der biblische Beweis? (Ritschl a. a. O.) Der Eindruck, den Ritschl's Bestreitung jeden Gedankens der Sühne hervorbringt, beruht wesentlich in der Methode des Beweisgangs. Unter den neutestament-

---

*) Diese Gedankenreihe könnte, damit die formelle Uebereinstimmung mit der obigen über die Vertretung im allgemeinen noch deutlicher heraustritt, auch so geordnet werden: Offenbarung der Liebe Gottes als der bei aller Gnade die Sünde ernst verurteilenden. Speziell (im angegebenen Sinn) durch das Leiden Christi. Diese Offenbarung eine durch und durch persönliche; also Christus empfindet selbst diesen Ernst Gottes gegen die Sünde in seinem Leiden, willigt gehorsam darein ein und erkennt als seinen Zweck, die Gemeinde zur vollen Erkenntnis jenes Ernstes Gottes zu führen. Indem er diese Absicht durch diese That seines Leidens erreicht, ist er als der Urheber unsrer Reue unser Vertreter vor Gott u. s. w.

lichen Aussagen über die Heilsbedeutung des Todes Christi kommen für die Dogmatik wesentlich nur die auf die Opfervorstellung begründeten in Betracht. (Dadurch wird z. B. Gal. 3, 13 eliminirt.) Der neutestamentliche, besonders paulinische Opferbegriff aber ist aus dem alttestamentlichen zu erklären; diesem ist jeder Gedanke an eine Beziehung zur göttlichen Ungnade fremd. Nun ist das Verdienst des Rückgangs auf den Opfergedanken und für diesen auf's Alte Testament unleugbar groß. Daß aber die Deutung desselben völlig genau, ist teilweise auch von Fachmännern beanstandet worden, die den Fortschritt der Betrachtung zugleich willig anerkannt haben (s. z. B. Th. L. Z. 1878, Nro. 1). Aber gesetzt auch, die Deutung der Opferformel sei völlig genau, so fragt sich, ob Christus und die Apostel von ihr allein geleitet sein müssen. Z. B. die Behandlung von Jes. 53 möchte als eine künstliche bezeichnet werden dürfen, sowohl die Erklärung der Stelle selbst, namentlich die Abschwächung der Combination des „ascham" mit dem leidenden Knecht, als die Herabminderung ihres Einflusses auf das Neue Testament. Die Wahrscheinlichkeit eines bedeutenden Einflusses solcher über den Rahmen der Opferthora hinausgehender Gedanken auf das Neue Testament wird, scheint mir, zur Gewißheit, wenn man sich nun jener zurückgestellten Aussagen, wie Gal. 3, 13 erinnert, und wenn man bedenkt, wie viel natürlicher andere, wie 2. Cor. 5, 21, Hebr. 9, 28 sich erklären, falls sie nicht auf die alttestamentliche Opferformel eingeschränkt werden. In ähnlicher Weise kann die Dankbarkeit gegen die tiefen Blicke, die Ritschl in die für die Versöhnungslehre so wichtigen Begriffe, Gerechtigkeit, Heiligkeit und Zorn Gottes eröffnet, nicht die Überzeugung unterdrücken, daß ihre weitere Untersuchung Ritschl's Ergebnisse nicht unwesentlich modificiren wird. Aber es ist ein ungutes Geschäft, ohne Einzelbeweis davon zu reden, weil das, was wohl als unhaltbar bezeichnet werden darf, meist nur Überspannung fördernder Entdeckungen ist. Ich darf aber vielleicht noch hinzufügen, wie reichen Stoff für die versuchte Rechtfertigung der Sühne z. B. das Leben Jesu von Weiß bietet, überhaupt die Vertiefung in die Zusammenhänge des Bewußtseins unsres Herrn, soweit uns das an der Hand seiner Worte und seiner Geschichte möglich ist; und aus diesem besten Grunde möchte ich es erklären, wenn die wirksamsten Passionspredigten (cf. z. B. Kingsley über den Charfreitag, auch deutsch-evang. Blätter 1887, 2) dem Gedanken der Sühne Ausdruck zu geben suchen: dogmatisch oft ungenau, in der Form beeinflußt von überlieferten Vorstellungen, die man nicht rechtfertigen könnte, aber in der Sache hervorgerufen von der Thatsache des Kreuzes Christi selbst und den dieses Geheimnis deutenden Worten des Neuen Testaments.

———

Nicht als ob es jemals eine dogmatische Darstellung der Versöhnung geben würde, die das lösende Wort für den ganzen Reichtum der Thatsache enthielte. Davon sind wir bei unsrer Besprechung ausgegangen. Schließen wir sie mit demselben Gedanken. Aber, wie gesagt, nicht um die dogmatische Arbeit zu entwerten; ihre Bedeutung gerade für die Predigt ist an keinem Punkt so augenscheinlich, als an diesem Mittelpunkt. Vielmehr um die dogmatische Arbeit zu den wahren Quellen ihrer ewigen Verjüngung zu weisen, zur hl. Schrift. Dies hat im Prinzip Ritschl mit Nachdruck gethan; und mit Erfolg, weil er mit der Einsicht, daß die hl. Schrift die Norm der Glaubenslehre ist, die andere verbindet, worin ihre wissenschaftliche Aufgabe besteht. Ich habe nur einen Teil des Neuen, was er aus der Schrift für die Glaubenslehre gewonnen, nennen können. Ich möchte wenigstens noch erwähnen, daß die Beziehung der Versöhnung auf die neue Stellung zur Welt, andrerseits die durchgängige engste Beziehung des Religiösen auf das Sittliche direkt dort begründet ist. Umgekehrt scheint mir der Widerspruch gegen Ritschl, soweit er berechtigt ist, darauf zu beruhen, daß das Prinzip der biblischen Begründung weiter führt. In dieser Hinsicht dürfte unter den theologischen Gegnern Geß besonders Beachtung verdienen.

Es ist in diesem Jahr das Gedächtnis J. A. Bengels erneuert worden. Es sei erlaubt, an diesen Namen den Wunsch zu knüpfen, wir Diener des göttlichen Wortes möchten durch Versenkung in die biblische Theologie zu einer nicht äußerlich verbundenen, aber innerlich zusammenwirkenden theologischen Schule uns vereinigen, auf der in Wechselwirkung still abgeschiedenen Studiums und frischen thatkräftigen Lebens aus dem Schachte der hl. Schrift die Bausteine für eine immer vollkommenere dogmatische Versöhnungslehre zu Tage gefördert werden. Wenn die ersten großen Zeugen des Herrn, im Gedächtnis seines Kreuzes, sagten: Wer ist Paulus? Wer ist Apollos? so dürfen vielmehr wir bei Besprechung wissenschaftlicher Versuche, je mehr wir sie ehren, dessen eingedenk bleiben, daß es sich nicht um große oder kleine irdische Namen, sondern nur um Einen Namen handelt. Unsre Theorieen vergehen; unsre Aufgabe ist, das Evangelium von Christus dem Gekreuzigten immer besser zu verstehen, das ewig bleibt.